Travail social, le défi du plaisir

© L'Harmattan, 2008
5-7, rue de l'Ecole polytechnique ; 75005 Paris

http://www.librairieharmattan.com
diffusion.harmattan@wanadoo.fr
harmattan1@wanadoo.fr

ISBN : 978-2-296-06635-9
EAN : 9782296066359

Patricia FIGAREDE THOMASSE

# Travail social, le défi du plaisir

*Paroles d'assistantes sociales*

Préface de Brigitte Bouquet

L'Harmattan

# REMERCIEMENTS

Je souhaite vivement remercier toutes celles et tous ceux qui m'ont permis de réaliser cette recherche et qui ont ainsi contribué à l'élaboration de ce mémoire.

Je remercie tout particulièrement Gilles Hartemann pour avoir accepté la direction de ce mémoire mais également pour m'avoir accompagnée dans cette démarche ; sa présence, ses conseils et son humour m'ont été précieux pour la mener jusqu'à son terme.

Je remercie vivement Charlotte Le Van dont la disponibilité et les chaleureux conseils m'ont permis d'identifier et de formaliser les différentes étapes de la construction de ce travail.

Un grand merci aux professionnels qui ont accepté d'être interviewés et de me confier leur parcours de vie et leurs réflexions. Ces entretiens ont été pour moi des moments de rencontre et d'échange intenses. Qu'elles aient été l'occasion de renouer avec des collègues « perdues de vue » ou de lier de nouvelles connaissances, ces rencontres ont à chaque fois été source de plaisir.

Je remercie également ma chef de service, dont l'écoute, le soutien et les idées, ont participé à l'aboutissement de ce projet. Que le Conseil général de l'Orne et mes collègues soient ici remerciés pour le soutien qu'ils m'ont offert.

J'ai également une pensée émue à l'égard de ma famille qui a su faire preuve de beaucoup de patience et de compréhension, et aux amis qui ont partagé cette période d'écriture avec moi.

Au stade final où l'enfant va prendre son envol, je remercie particulièrement Brigitte Bouquet pour l'accompagnement qu'elle m'a offert avant édition, et pour le choix des mots qui constituent la préface de cet ouvrage.

# SOMMAIRE

**Préface de Brigitte Bouquet**.................................................p 9

**I- Introduction**..............................................................p 11

**II- Du plaisir dans le travail social, éléments de théorie et d'histoire** p 15
1- Du plaisir...................................................................p 15
2- Du travail au plaisir.......................................................p 19
3- Du travail au travail social...............................................p 21

**III- Le plaisir dans le travail social, essai de problématique**.........p 25
1- Un parcours et une motivation constitutifs d'un plaisir au travail ?...p 25
   a. Etre acteur............................................................p 25
   b. Une motivation.........................................................p 28
   c. La relation, siège des émotions........................................p 31
2- Une adaptabilité liée au plaisir ?........................................p 33
   a. L'identité............................................................p 34
   b. La profession.........................................................p 35

**Rappel de la question de départ et des hypothèses**......................p 39

**IV- Du besoin au plaisir**..................................................p 41

**A- Présentation de la démarche**............................................p 41
   1- La prise de contact...................................................p 41
   2- Quand le plaisir est là...............................................p 42
   3- Des parcours longs et diversifiés.....................................p 44
   4- Analyse thématique....................................................p 45
   5- Méthode...............................................................p 45

**B- Une inévitable imbrication du personnel et du professionnel**.........p 47
   1- Choisir son métier....................................................p 47
      a. Dans la vie familiale et amicale...................................p 47
         1. Une transmission des parents...................................p 48
         2. Des difficultés familiales ou des liens d'inscription
relationnelle..............................................................p 49
         3. Prendre le contre-pied de l'éducation familiale... ou
y revenir..................................................................p 51
         4. Des situations spécifiques.....................................p 52
      b. D'abord pour soi....................................................p 53
         1. Le plaisir d'être avec des gens................................p 53
         2. Se sentir utile................................................p 54

       5. Le déterminisme de la scolarité ............................................. p 56
   2- Garder l'équilibre ............................................................................ p 57
       a. Ne pas mélanger ....................................................................... p 58
       b. Réussir à cloisonner famille et boulot .................................. p 59
       c. Une démarche différente ........................................................ p 60
       d. Des perturbations vers le déplaisir ....................................... p 61
       e. Exprimer ses émotions ............................................................ p 63
       f. Maîtriser ses émotions ............................................................. p 68
       g. Oser rompre ............................................................................. p 71
          1. Faire un break ................................................................... p 71
          2. Changer de boulot ........................................................... p 73
   3- Agir pour soi par les autres .......................................................... p 76
       a. J'en ai besoin ........................................................................... p 77
       b. Agir en fonction de sa personnalité ..................................... p 78
       c. Avoir des contacts ................................................................... p 80
       d. Accompagner, vivre une histoire ........................................... p 80
       e. Au delà du contact, une relation ........................................... p 82
       f. Le plaisir est dans la création ................................................. p 84
       g. On a du plaisir quand ça marche .......................................... p 86
       h. Etre reconnu ............................................................................ p 88
   4- Le plaisir au travail ........................................................................ p 93
       a. Les collègues ............................................................................ p 93
       b. Liberté et autonomie .............................................................. p 95
   5- On est content ! ............................................................................ p100

**V- Perspectives professionnelles** ............................................................ p105
**VI- Conclusion** ......................................................................................... p109
**VII- Bibliographie** .................................................................................... p113
**VIII- Annexes** ............................................................................................ p117
   I-   L'article de Pierre Yves Lautrou de L'Express ............................ p I
   II- Guide d'entretien ......................................................................... pV
   III- Présentation des personnes interviewées .................................. pIX
   IV- Anecdotes ..................................................................................... pXIV

# **Préface**

Heureux les assistants de service social ? Serait-il au rendez-vous ce plaisir, état émotionnel agréable, état de satisfaction psychique ou intellectuel, inhérent de la reconnaissance de soi, de l'implication de soi en soi, indispensable à l'équilibre d'un être humain ? Telle est la question de Patricia THOMASSE, interrogation originale, provocatrice et à contre-courant du malaise et de l'idée de Burn Out qui taraudent de plus en plus de travaux sur le travail social.

Par cette recherche qualitative portant sur l'accès au métier, les raisons de ce choix, les études, le métier, sa définition, sa réalité, son évolution, l'expression des émotions, l'objectif de l'auteure est de cerner les fondements du plaisir que les assistants de service social éprouvent dans l'exercice de leur profession. Se dégagent trois facteurs explicatifs répondant à cette problématique : « choisir son métier », « garder l'équilibre » et « agir pour soi, par les autres ».

Si l'on admet que le plaisir est lié au désir, que « *l'homme est né pour le plaisir ; il le sent, il n'en faut point d'autre preuve* » (Blaise Pascal), réfléchir à la question du plaisir nécessitait effectivement d'envisager d'abord la question de l'identité individuelle. Comment être « bien » dans la relation à l'autre, si on ignore ce que l'on est en tant que personne ? À l'instar d'autres recherches portant sur les éducateurs, il est montré ici que l'inclination vers la profession de service social est née au sein de la famille, que se sentir utile est une transmission des parents.

Garder l'équilibre est la seconde explication du plaisir au travail. Envisagé comme une dynamique, d'une part, l'équilibre personnel est important car l'action sera d'autant plus renforcée qu'elle sera en conformité avec les motivations et les raisons d'agir, ce qui nécessite une démarche introspective. D'autre part, l'équilibre dans la vie privée est vécu comme essentiel. Enfin, le métier nécessite un ajustement perpétuel pour trouver l'équilibre car l'imbrication domaine privé/travail rend le clivage assez difficile à maintenir. Cette recherche souligne ainsi que l'équilibre n'arrive pas toujours à se jouer avec équité et pour certains, leur métier au service des autres a pu perturber la vie de famille à un moment donné et gâcher le plaisir familial et celui éprouvé dans le travail. Faire un « break » et oser rompre sont alors une façon de redonner un nouveau sens au travail. Toutes les personnes interviewées ont ainsi évoqué l'équilibre et la stabilité entre la sphère dite personnelle et la sphère professionnelle comme source de bien-être au travail et motif de longévité dans la carrière, la rupture de cet équilibre par l'un ou l'autre des aspects modifiant alors la trajectoire professionnelle tout en exerçant le même métier.

Enfin, le désir d'aider, d'agir au cœur de la société met l'assistant de service social en capacité d'être acteur et d'éprouver du plaisir dans son travail. L'envie va provoquer le mouvement naturel vers l'autre, va permettre que la relation se crée et procure du plaisir. Cette recherche montre que les contacts avec les personnes, la relation et l'échange qui se nouent avec elles, le désir de les accompagner, le donner et recevoir en retour sont les plus productifs de plaisir. « *Le plaisir le plus délicat est de faire celui d'autrui* » (La Bruyère). En parallèle de celui que les interviewés connaissent dans la relation nouée avec les personnes, vient un autre type de plaisir lié davantage à l'aspect créatif et l'effet de surprise du métier, à l'autonomie d'action, au cadre de travail, à l'ambiance partagée avec les collègues, la vie d'équipe, le sentiment de « faire du bon travail », la reconnaissance vue comme la « récompense » d'une implication dans le travail...

Ce mémoire montre bien que le plaisir éprouvé dans le métier d'assistant de service social serait issu d'une construction très personnelle et d'une éducation familiale, d'un équilibre complexe entre la vie privée et la vie professionnelle, d'une capacité d'acteur dans le travail. En fin de compte, le plaisir dans le travail se mériterait ?

Il serait intéressant que cette recherche puisse être poursuivie et complétée pour deux raisons. - D'une part, centrée sur le plaisir vu par un groupe de 15 interviewés volontaires et intéressés par ce thème, elle est essentiellement focalisée sur l'appréhension du métier « pour » les professionnels, au regard de la relation et de leur développement personnel et professionnel. Un groupe de professionnels plus hétérogène donnerait sans doute des résultats plus complexes, voire contradictoires.
- D'autre part, confrontés au quotidien à un contexte sociétal de difficultés, de ruptures, de pauvreté, d'exclusion, de violence, les travailleurs sociaux ne sont pas dupes. Il serait intéressant d'étudier comment le sentiment de plaisir dans le travail peut coexister avec une analyse sociale portant sur l'aggravation des problèmes sociaux et certaines politiques sociales menées actuellement... Car la lucidité n'empêche pas le plaisir dans le travail, elle est du point de vue des philosophes, un éveil où l'attention est pleinement vivante, devient simultanément consciente de l'extériorité du monde et des autres, et de l'intériorité qui nous caractérise..

Le plaisir du travail joint à la lucidité sur les problèmes sociaux, beau programme de recherche !

Brigitte Bouquet
Professeur titulaire de la Chaire Travail social
**Vice-présidente du Conseil supérieur de travail social**

## I- INTRODUCTION

Le philosophe Alain[1] affirmait en 1922 que *"tous les métiers plaisent autant que l'on y gouverne et déplaisent autant que l'on y obéit"* suggérant ainsi que Plaisir et Travail pouvaient se conjuguer... à condition d'y gouverner.

L'enseignement suivi dans le cadre de la préparation de la Maîtrise en Sciences et Technique, et du Diplôme Supérieur en Travail Social, m'a permis de m'engager dans une recherche sur le plaisir dans le travail. Les cours sur l'évolution des politiques sociales successivement mises en œuvre, le droit du travail et la gestion des ressources humaines, m'ont invitée à m'interroger sur l'évolution du travail social et plus particulièrement sur le métier d'assistante sociale que j'exerce depuis 23 ans. Le plaisir y a-t-il encore une place ?

J'ai commencé à m'interroger sur cette question à l'occasion d'anecdotes, illustrant les comportements de professionnelles. J'ai pu observer que ce plaisir pouvait s'exprimer sous des formes très différentes. C'est ainsi que mise en situation d'avoir à exercer ses compétences dans un cadre innovant qui nécessitait la mise en œuvre de ses qualités d'analyse et d'évaluation, une assistante sociale qui travaillait depuis plusieurs années en polyvalence s'est physiquement transformée. Dans les semaines qui ont suivi sa prise de fonctions dans son nouveau poste, les traits de son visage se sont épanouis et elle s'est même " redressée " dans son attitude corporelle. Autre exemple de plaisir dans son travail, mais exprimé cette fois-ci avec une certaine gêne : alors qu'on lui demandait pourquoi elle était toujours sur le même secteur depuis 20 ans, une assistante sociale travaillant en polyvalence de secteur chuchota en réponse à son interlocuteur : " *tu sais, j'ai du plaisir dans ce que je fais...* "

J'ai pris également conscience que l'intérêt qui m'entraînait vers ce thème était dicté par le plaisir que je ressens concrètement non seulement à exercer mon métier d'assistante sociale, mais aussi à l'exprimer.

En remontant au plus loin de ma mémoire professionnelle, j'ai le sentiment d'avoir toujours éprouvé du plaisir dans mon travail, même si, à présent je n'exerce plus ce métier de la même manière, étant en position d'encadrement depuis 8 ans. C'est aussi du fait de ma fonction d'encadrement et de mon éloignement de la relation à l'usager que j'ai choisi de centrer mon étude sur l'assistante sociale et sa perception du métier qu'elle exerce.

---

[1] ALAIN, *Propos sur le Bonheur*, Ed Folio, coll « Essais », rééd.1998, p 107

Les professionnelles, et qui plus est leur bien-être, sont une question au centre de mes préoccupations professionnelles en tant qu'adjointe du chef du service social départemental. Mais il ne s'agit pas non plus de "profiter" de cette recherche pour "tester" la température ambiante du service...

En réfléchissant à la question du plaisir dans le métier d'assistante sociale, j'ai voulu aussi sortir du "marasme" dans lequel s'engouffrent parfois les travailleurs sociaux au regard de l'évolution de leur métier. Il m'apparaît intéressant de pouvoir envisager cette réflexion dans le cadre global de la profession d'assistante sociale. Je pense que trouver du plaisir dans son travail et pouvoir l'exprimer, c'est donner un sens, parmi d'autres, nécessaire à son métier.

A priori, le plaisir est une notion qui paraît antinomique avec la notion de travail, et qui le paraît davantage lorsqu'on l'examine à la lumière du travail social. Comment peut-on penser au plaisir et comment peut-il exister dans un milieu où l'on ne traite que des difficultés au quotidien ? Est-il "normal" de ressentir du plaisir dans le travail social ? N'est-il pas plus aisé de parler de la souffrance que de plaisir ?

A l'heure de la précarité de l'emploi, de l'exclusion, des concepts : de harcèlement décrit par Marie-France Hirigoyen, psychanalyste[2], de souffrance et de stress au travail développé par Christophe Dejours[3], trouver du plaisir dans son travail peut passer aux yeux de certains pour un luxe, voire une provocation, et pour d'autres une nécessité que de moins en moins de travailleurs peuvent s'offrir.

Par ailleurs, d'autres réflexions étayent l'idée que le plaisir existe bien dans le travail. Dans leur enquête sur le bonheur au travail menée entre 1996 et 1999[4], Christian Baudelot et Michel Gollac, affirment que « *la représentation traditionnelle du travail comme une activité essentiellement destinée à gagner sa vie à la sueur de son front est encore très majoritaire.* » Ils ont pu cependant déterminer quatre registres principaux de plaisir dans le travail :
- le plaisir de contact, de la rencontre, de la relation à autrui,
- le plaisir altruiste, rendre service, aider, s'occuper de…, se sentir utile,
- le plaisir de créer, lié à l'usage de la technique (informatique)
- le plaisir de la découverte et de l'enrichissement personnel : les voyages, s'instruire.

---

2 HIRIGOYEN, M. *Le harcèlement moral*, Syros, 1998
3 DEJOURS, C. *Travail, usure mentale*, Ed. Bayard, 2000
4 BAUDELOT, C., GOLLAC, M. *Travailler pour être heureux ?*, Ed. Fayard, 2002

Ils ont également pu observer, à l'instar d'Alain que *« plus on s'élève dans la hiérarchie sociale et plus l'activité professionnelle propre à une profession se diversifie, s'autonomise, s'intellectualise et élargit ainsi la gamme des sources potentielles de plaisir et de satisfactions. »* Le plaisir existerait d'autant plus dans le travail que l'activité se diversifie et favorise l'autonomie. Le thème du plaisir au travail fut également mis sous les feux de l'actualité à travers l'article de L'Express dans lequel Pierre Yves Lautrou[5] m'a amenée à témoigner.

Pour Maurice Thévenet[6] c'est l'implication qui est mère du plaisir au travail. La motivation qui « *met l'accent sur la relation qui s'est tissée entre la personne et son travail* » est une démarche personnelle. La personne s'implique dans une activité parce qu'elle s'y reconnaît. « *L'entreprise, la gestion du personnel, le management ne peuvent que créer les conditions nécessaires de cette implication.* »

L'idée que les assistantes sociales osent montrer ou parler du plaisir qu'elles éprouvent au travail, sous-entend déjà qu'il y a du plaisir à trouver et à prendre dans ce métier... mais peut paraître choquante voire provocatrice. Comment peuvent-elles "avouer" ce plaisir alors qu'elles baignent au quotidien dans un contexte de difficultés, de pauvreté, d'absence de lien social, de ruptures, de violence, de danger pour les autres mais aussi pour elles-mêmes... Impudique attitude vis-à-vis d'un public qui vient vers elles pour exprimer ses difficultés à vivre ? Pourtant, à travers leur regard, leur sourire, leur gestuelle, certaines professionnelles exposent leur plaisir aux yeux de tous. Elles offrent d'elles-mêmes une image positive qui va favoriser leur relation à l'autre mais aussi le traitement de problématiques parfois complexes. La gratification qu'elles reçoivent à leur tour, et en échange, alimente la spirale de la motivation et du plaisir, parfois bien au-delà de leur vie professionnelle. Par la relation de dette qu'instaure l'action de donner et l'échange qui en émanera, c'est l'expression du lien social bien souvent délité, qui retrouvera ici toute, sinon partie, de sa dimension.

Personne n'échappe à l'effet que produisent les conditions de travail sur la vie personnelle et familiale, et vice-versa. Effet d'autant plus percutant si la relation humaine est le fondement de l'aspect professionnel, tel que dans le métier d'assistante sociale. Si la relation d'aide passe par une écoute attentive, la relation que l'on a avec soi-même devrait passer par une écoute de son propre corps, de soi.

---

[5] LAUTROU, P.Y. *Y a t'il du plaisir au boulot ?*, L'Express, mai 2002

[6] THEVENET, M. *Le plaisir de travailler*, Ed. d'organisations, 2002, p 17

Dans cette relation basée sur l'échange, l'assistante sociale a souvent tendance à s'effacer, à effacer ses propres émotions, comme pour lui permettre de mieux valoriser les émotions de la personne qui vient vers elle. Comment être « bien » dans la relation à l'autre, si on ignore ce que l'on est en tant qu'individu ? Le métier d'assistante sociale nécessiterait donc une démarche introspective.

La valeur travail autour de laquelle s'est centralisée notre société, subit des évolutions du fait d'une évolution complexe du marché de l'emploi. Ce mouvement a précarisé une nouvelle population peu ou pas connue des travailleurs sociaux mais qui les oblige à inventer de nouvelles modalités de prise en charge de ce public, tout en ayant à faire face à l'accroissement des dispositifs mis en œuvre par l'Etat pour tenter d'encadrer ce phénomène.

Dans ce contexte de nouvelles contraintes, et en fonction des missions qui leur sont assignées, les assistantes sociales ont à faire des choix de travail, trouver de nouvelles motivations pour préserver leur éthique, pour ne pas perdre le ou les sens qu'elles donnent à leur métier. Ce choix d'appréciation, cette autonomie d'action, est ce que je considère comme une source de plaisir que les professionnelles peuvent exprimer sous des formes variées, de la plus expressive à la plus discrète, voire à la plus silencieuse.

La recherche que je propose de mener s'inscrit dans le cadre d'une sociologie compréhensive, qui se définit comme la recherche de la signification et du sens que chaque individu donne à sa conduite et que Weber résumait ainsi : « *Nous appellerons sociologie (...) une science qui se propose de comprendre par interprétation l'activité sociale et par là d'expliquer causalement son déroulement et ses effets. Nous entendons par « activité » un comportement humain (...) quand et pour autant que l'agent ou les agents lui communiquent un sens subjectif. Et par activité « sociale », l'activité qui, d'après son sens visé par l'agent ou les agents se rapporte au comportement d'autrui, par rapport auquel s'oriente son déroulement.* »[7]

Elle tentera de répondre à la question suivante :

« *Qu'est-ce qui permet aux assistantes sociales de trouver du plaisir dans le contexte actuel de l'exercice de leur métier ?* »

---

[7] Ibid, p65

## II- Du plaisir dans le travail social, éléments de théorie et d'histoire

1 – Du plaisir…

Le mot « plaisir » est le plus fréquemment utilisé pour décrire toutes les nuances de nos émotions positives. Il peut lui être également affecté un certain nombre de qualificatifs. Ainsi tous les plaisirs ne sont pas bons, puisqu'il existe de « malins plaisirs » mais il existe aussi de « purs plaisirs ». Le langage commun cherche également à le quantifier. Petits ou grands, les plaisirs sont dits « courts » ou « passagers ». *« On parle des plaisirs au pluriel et du bonheur au singulier. C'est qu'on pense que les uns sont passagers tandis que l'autre est durable. »*[8]

Selon la définition du dictionnaire de la psychologie, le plaisir est une sensation ou une émotion agréable liée à la satisfaction d'une tendance, d'un besoin, d'un désir, à l'exercice harmonieux des activités vitales. Le mot plaisir vient du latin « placere » qui signifie plaire. Il peut être ce qu'on éprouve ou ce qu'on fait, aux autres ou à soi-même (faire plaisir, se faire plaisir). L'étude du plaisir ne peut être entreprise qu'en la situant par rapport aux besoins fondamentaux de la vie organique, sociale et culturelle. Plusieurs auteurs ont mis le plaisir au centre de leur réflexion, dans différents domaines.

Parmi ceux-ci, Freud a fait de la recherche du plaisir, qu'il désigne sous le nom ***de principe de plaisir***, l'un des deux principes fondamentaux qui régissent le fonctionnement humain. Le principe de plaisir exige la satisfaction, par les voies les plus courtes, de toutes les pulsions, conscientes ou inconscientes, du psychisme humain. Mais il se heurte à un principe antagoniste, le ***principe de réalité***, qui impose la renonciation au plaisir à cause des conséquences fâcheuses qui en résulteraient pour l'individu, du fait des interdits socioculturels.

L'existence de ces deux principes fait emprunter des détours à la recherche de la satisfaction et ajourne son résultat en fonction des contraintes imposées par le monde extérieur. Le plaisir n'apparaît donc pas comme une notion isolée, mais indubitablement associée au déplaisir.

---

[8] DE LA GARANDERIE A, *Plaisir de connaître – Bonheur d'être*, Ed. Chronique sociale, Lyon, mai 2004, p 63

La biologie des comportements a conduit les travaux d'Henri Laborit[9] sur les mêmes fondements : « *Dans un langage psychanalytique, la recherche (pulsionnelle ou résultant de l'apprentissage) de la répétition de l'expérience agréable, répond au principe de plaisir qui n'est pas ainsi exclusivement sexuel, ou même quand il l'est se trouve occulté, transformé par l'expérience. La connaissance de la réalité extérieure, l'apprentissage des interdits socioculturels et des conséquences désagréables qu'il peut en coûter de les enfreindre, comme de celles, agréables, dont le groupe social peut récompenser l'individu pour les avoir respectés, répond au principe de réalité.* »

Le plaisir est instable, il ne résiste pas à la satiété et disparaît avec la résolution de la tension née du besoin.[10] Henri Laborit[11] décrit ainsi cette fugacité du plaisir : « *Il est bon de noter combien la charge affective des mots : bien-être, joie, plaisir, est différente. Le bien-être est acceptable, la joie est noble, le plaisir est suspect. Ce dernier mot sent le soufre. Alors que pour nous le bien-être apparaît lorsque la pulsion ou l'automatisme acquis sont satisfaits et qu'il s'accompagne de satiété, la joie semble ajouter à cette satisfaction la participation de l'imaginaire et le plaisir, lui, est lié au temps présent, à l'accomplissement de l'acte gratifiant.* »

Le plaisir n'est donc qu'un instant, ou comme le dit Lionel Tiger[12], théoricien en sciences sociales à l'université du New Jersey : « *le plaisir est un point dans une continuité, ce qui le rend difficile à cerner et à définir.* »

En psychologie, le mot « plaisir » s'oppose à celui de « douleur » ou de « frustration ». Comme la douleur, le plaisir a pour effet d'orienter l'activité de l'individu sur la voie de l'adaptation. « *Les centres de plaisir, appelés par la suite système récompensant du cerveau, produisent des endorphines. Le plaisir naît d'une activation de ce système par un agent physique (sensation) chimique (drogue) ou psychique (succès).* »

Antoine de La Garanderie définit ce plaisir comme « le plaisir d'état »,[13] « *le plaisir d'état est intrinsèque (…), il est le fruit d'un besoin, il n'est pas celui d'un désir. Il procède d'un manque, d'une absence.* », et l'oppose au « plaisir d'acte ». « *Le plaisir d'acte est vécu dans l'acte et par lui intrinsèquement (…) les plaisirs d'acte sont vraiment les fruits de l'activité qui leur donne leurs vertus. (…) Le plaisir d'acte est vécu dans un esprit de désintéressement. Le plaisir d'acte est le plaisir de l'être qui se développe en gagnant de nouvelles perfections. (…) C'est en lui que le plaisir trouve son essence.* »

---

[9] LABORIT, H. *Eloge de la fuite*, Ed Gallimard, Coll. Folio Essais, 1985, p 20
[10] SILLAMY, N. *Dictionnaire de psychologie*, Ed Larousse, 1998
[11] Op-cit, p 90
[12] TIGER, L. *A la recherche des plaisirs*, Ed Payot & Rivages, Coll. Petite Bibliothèque Payot, Paris, mars 2003, p 31
[13] DE LA GARANDERIE, A. *Plaisir de connaître - Bonheur d'être*, Ed Chronique Sociale, Lyon, mai 2004, p 43

Selon Antoine de La Garanderie, le plaisir qui émerge du besoin est l'effet d'un mouvement instinctif pour un état de satisfaction vécu sous le mode de la passivité, alors que le plaisir d'acte, issu du désir, naît de la participation à la production du plaisir. Il naît d'une activité. Le passage du besoin au désir serait donc une fonction régulatrice du comportement humain en permettant à l'individu de s'orienter vers ce qui le grandit ?

L'orientation biologique consiste à rechercher le plaisir et à fuir la douleur. Le plaisir procure la vie et le bien-être à tout l'organisme, la douleur est vécue comme une menace quant à notre intégrité physique. Les défenses que l'organisme est appelé à construire pour la réduire diminuent également sa vitalité. Les tensions physiques révèlent les résistances à l'angoisse. C'est ainsi que Lionel Tiger[14] affirme que *« le plaisir nous renseigne sur ce qui nous a servi dans le passé. Par contre la douleur est une excellente alarme (...) qui révèle notre histoire évolutionnaire (...) En général la douleur est prise en compte pour organiser le présent et prévoir l'avenir. »*

Quant à F. Padrini[15], sociologue et psychologue, il soutient la thèse que **le corps ne ment jamais**. Tout du moins spontanément, car tout le monde sait que le corps ou les mots peuvent être utilisés pour mentir. Ainsi, *« lorsqu'une personne se trouve dans un état de plaisir, ses yeux brillent, son teint se colore, se réchauffe, ses gestes sont enjoués et vifs. Ces signes visibles sont la manifestation d'un flux de sensation, de sang et d'énergie, dirigée vers la périphérie du corps. L'absence de ces signes révèle que la personne n'est pas dans un état de plaisir, mais de douleur, qu'elle le perçoive ou non. »* Entre le plaisir et la douleur, peut-il exister une zone « neutre » où tout à chacun y trouverait un équilibre ?

Le plaisir, en opposition à la souffrance, a fondé le courant de pensée élaboré par Epicure, l'épicurisme. Le langage courant a consacré l'épicurien comme un être qui ne songe qu'au plaisir, un sensuel, mais Epicure lui-même s'en est défendu dans la Lettre à Ménécée : « *Le plaisir dont nous parlons est celui qui consiste pour le corps, à ne pas souffrir et, pour l'âme, à être sans trouble. (...) Le plaisir est le commencement et la fin de la vie heureuse.* »

En grec, le mot plaisir se dit « hedoné » et a donné naissance à l'hédonisme, philosophie qui fait de la recherche du plaisir le fondement de la morale, un principe de vie.

---

[14] Op-cit, p 34

[15] PADRINI, F. *Le langage secret du corps*, Ed de Vecchi, juillet 1995, p 50

Henri Laborit en est convaincu : « *Ceux qui nient de ne pas avoir comme motivation fondamentale la recherche du plaisir, sont des inconscients, qui auraient déjà disparu de la biosphère depuis longtemps s'ils disaient vrai.* »[16] Cette motivation ne peut être que du domaine de l'inconscient pour permettre aux individus de continuer à exister ?

L'utilitarisme, doctrine dont le terme fut introduit par Bentham en 1781, affirme que seul ce qui est utile est bon. Le bien éthique constitue une réalité incontournable et peut être défini à partir des motivations élémentaires de la nature humaine ; sa tendance à poursuivre le plaisir et à fuir la souffrance. Dans son livre « les principes de la morale et de la législation » publié en 1789, Bentham définit sa doctrine : « *La nature a placé l'humanité sous l'empire de deux maîtres, la peine et le plaisir. C'est à eux seuls qu'il appartient de nous indiquer ce que nous devons faire comme de déterminer ce que nous ferons.* » Les choix des individus seraient donc directement liés à l'intérêt qu'ils ont de faire ces choix. Choix qui seront nécessairement bons pour eux. L'action individuelle dite « intentionnelle » est le fondement de l'individualisme méthodologique.

Le plaisir ne peut que rester très flou dans sa définition puisque lié avant tout à la personne, à son identité. Le plaisir dépend d'un certain nombre de paramètres à géométrie variable d'un individu à un autre. Nous pourrions considérer que la recherche du plaisir est inhérente à toute action quelle que soit la nature de cette dernière, à partir du moment où elle répond à la satisfaction du besoin ou du désir qui l'a initiée.

La recherche du plaisir est régulée par le contexte dans lequel évolue l'individu, y compris dans celui du travail Mais si on considère que le travail est une action en lui-même, il pourra donc être source de plaisir dès lors qu'il permettra de satisfaire les besoins qui ont conduit au choix du métier exercé. Peut-on alors considérer qu'un métier est choisi si l'individu y est conduit ?

Quelque soit le domaine dans lequel le plaisir s'exprime, il ne peut être dissocié de la souffrance et du déplaisir, un contre-pied apporté par la société et la morale.

---

[16] Op-cit p 92

## 2 – Du travail au plaisir,

Travailler est issu du latin populaire "tripaliare" qui signifie "torturer", "tourmenter", avec le "tripalium", un chevalet fait de trois pieux destiné à entraver les animaux pour les ferrer ou les soigner, qui fut désigné par la suite comme engin de torture. Il désignait l'activité du bourreau, avant d'exprimer plus généralement l'idée de tourment, de peine et de souffrance. Dans sa signification originelle, il s'oppose donc bien à l'idée de plaisir.

Le mot travail a longtemps été perçu comme négatif. Ce terme est généralement employé dès lors qu'il s'agit d'effectuer une tâche pénible ou une activité qui nécessite de l'attention et de la technicité, que ce soit pour désigner l'accouchement, l'œuvre d'un artiste ou une activité bénévole, sans oublier que nous avons parfois des dents ou des idées qui nous travaillent et que nous demandons à nos enfants de bien "travailler" à l'école... La Bible nous rapporte que le travail est la conséquence d'un châtiment, la conséquence du péché d'Adam et Eve chassés du Paradis. En raison du péché originel, Adam se voit *"condamné à gagner son pain à la sueur de son front."* L'homme est maudit pour avoir goûté du fruit défendu et sa punition est consommée dans le travail et la souffrance. La femme elle, se doit alors *"d'enfanter dans la douleur".*

Dans la Grèce Antique, le travail est perçu comme une déchéance qui relève de l'esclave. Ce sont les esclaves qui travaillent et non les hommes libres. La vie idéale c'est un corps sain et un esprit sage qui se consacre à la culture donc aux œuvres de l'esprit. Le travail est donc incompatible avec la notion de citoyenneté. L'ombre de la malédiction et de la sanction flotte sur le travail. Jusqu'à la fin du Moyen-âge, le travail n'est guère valorisé[17].

A partir des XVII et XVIII siècles, on commence à considérer le travail comme un antidote efficace à l'oisiveté et à la pauvreté. Montesquieu écrit dans L'esprit des lois : « *un homme n'est pas pauvre parce qu'il n'a rien, mais parce qu'il ne travaille pas.* » La révolution industrielle qui met le travail au centre de l'organisation sociale, relie le travail à l'idée de richesse.

---

[17] ALLEMAND, S. *Le travail en question*, Les métamorphoses du travail, Dossier Sciences Humaines n°78, décembre 1997

En 1766, la "Fable des abeilles" de Bernard Mandeville, valorisant le travail et l'effort et dénonçant les oisifs, fait scandale. Dix ans plus tard, en 1776, l'apport de l'économiste anglais Adam Smith met en évidence que la richesse d'une nation est essentiellement produite par le travail. Le travail est une puissance humaine qui permet de créer de la valeur. Le travail apparaît comme un instrument de calcul et de mesure qui a pour qualité essentielle de fonder l'échange. Tous les objets que nous échangeons contiennent du travail. Le travail est au cœur du lien social. Le marché est libre et se régule au moyen de "la main invisible".

Les textes de la Révolution française et notamment la loi du 17 mars 1791, stipule qu' « *il sera libre à toute personne de faire tel négoce, d'exercer telle profession, art ou métier que bon lui semble.* » Le code civil confirme ce principe de liberté. Le travail apparaît comme une capacité dont l'individu dispose librement et dont il négocie les conditions avec un employeur. Le travail est le nouveau rapport social qui structure la société.

Pour Marx, l'histoire humaine est caractérisée par la lutte des classes sociales (...) La bourgeoisie crée des moyens de production toujours plus puissants, or la misère est le lot du plus grand nombre.

Le travail implique l'aliénation et l'exploitation de l'homme, mais Marx suggère qu'à travers la production, il pourrait également être source de valorisation et de plaisir en tant que moyen de reconnaissance de l'être humain : « *Supposons que nous produisions comme des êtres humains : chacun de nous s'affirmerait doublement dans sa production, soi-même et l'autre.*

*1. Dans ma production, je réaliserais mon individualité, ma particularité ; j'éprouverais en travaillant, la jouissance d'une manifestation individuelle de ma vie, et dans la contemplation de l'objet, j'aurais la joie individuelle de reconnaître ma personnalité comme une puissance réelle, concrètement saisissable et échappant à tout doute.*

*2. Dans ta jouissance ou dans ton emploi de mon produit, j'aurais la joie spirituelle de satisfaire par mon travail un besoin humain de réaliser la nature humaine et de fournir au besoin d'un autre l'objet de sa nécessité.*

*3. J'aurais conscience de servir de médiateur entre toi et le genre humain, d'être reconnu et ressenti par toi comme un complément à ton propre être et comme une partie nécessaire de toi-même, d'être accepté dans ton esprit comme dans ton amour.*

*4. J'aurais, dans mes manifestations individuelles, la joie de créer la manifestation de ta vie, c'est-à-dire de réaliser et d'affirmer dans mon activité individuelle ma vraie nature, ma sociabilité humaine. Nos productions seraient autant de miroirs où nos êtres rayonneraient l'un vers l'autre.* »[18]

---

[18] MARX, K. in *Travailler pour être heureux ?* op-cit p 24

Pourtant la grande industrie ne favorise guère les manifestations du plaisir au travail, essentiellement valorisées dans les milieux artistes et artisans, et associées à l'idée de création et de liberté. L'artiste et l'artisan sont maîtres de leur travail, ils expriment librement leur habileté, leur savoir-faire, à travers des objets qui sont valorisés par le regard des autres. Le maître à danser du Bourgeois Gentilhomme attribue le bonheur au travail, au plaisir de voir son travail reconnu par un public averti : *« Il y a un plaisir à travailler pour des personnes qui soient capables de sentir les délicatesses d'un art et qui sachent faire un doux accueil aux beautés d'un ouvrage, et par de chatouillantes approbations vous régaler de votre travail. »*[19]

Au fil des siècles, un vent de plaisir associé à l'idée de liberté et de créativité, s'est mis à souffler sur le travail. Il n'en a pas pour autant perdu son caractère de pénibilité, mais on découvre qu'il peut être un moyen de reconnaissance et de valorisation de l'homme. Le travail porte en lui toute sa contradiction, tour à tour valorisé comme source d'épanouissement personnel ou critiqué par les souffrances qu'il engendre. Un métier peut être plaisant s'il donne la liberté de pouvoir exprimer sa créativité, son savoir-faire, s'il permet d'être récompensé et reconnu, mais il peut être déplaisant si le contexte et les conditions où il s'exerce contraignent l'individu. Pour un même emploi il pourrait donc exister plusieurs niveaux d'appréciation du plaisir dans son travail : on peut avoir du plaisir à aller au travail tel qu'on pourrait le figurer comme un pont entre la vie privée et la vie professionnelle, trouver différents motifs de plaisir dans le travail et éprouver ainsi du bien-être au travail.

3 – Du travail au travail social

Le travail industriel est au cœur de la société à partir du XIXe. Les conditions de travail produisent des effets dévastateurs au sein des populations laborieuses : exploitation des travailleurs, salaires de misère qui obligent femmes et enfants à travailler pour assurer la survie de la famille. Médecin devenu statisticien, le docteur Villermé réalise un rapport sur les conditions de travail dans les manufactures de laine, de soie et de coton et met l'accent sur les conditions de vie misérables de la population ouvrière. Cette enquête donne lieu à la première loi réglementant le travail des femmes et des enfants en 1841. En 1893, dans « de la division du travail social », Durkheim parle du travail comme un moyen d'intégration des individus à la collectivité.[20]

---

[19] MOLIERE, in *Travailler pour être heureux ?*, op-cit p 29
[20] ARON, R. *Les étapes de la pensée sociologique*, Ed Gallimard, p 331

Le siècle de l'industrialisation est aussi celui de l'intervention de l'Etat entre les patrons et les ouvriers afin d'assurer la protection des travailleurs et de leur famille. L'institutionnalisation des politiques sociales va se développer à la sortie de la deuxième guerre mondiale par la création de la Sécurité Sociale en 1945, fondée sur les deux piliers du travail et de la famille. C'est aussi l'année du vote de la première loi sur la protection de l'Enfance.

C'est une société de plein emploi qui se met en place avec la reconstruction. Dans la période de l'après-guerre le travail est au cœur de la société. C'est une valeur fondamentale qui fixe les normes et les comportements. L'homme est travailleur et père, la mère est au foyer. Les années 45 à 75, qualifiées de "Trente Glorieuses" voient un progrès rapide des conditions d'accès au logement, à la consommation et aux vacances. C'est aussi l'âge d'or des professions du social. Le travail social est centré sur la réduction des déficits imputables à la personne ou à ses bénéficiaires.[21]

Mais la crise économique de 1973-1974, jette des milliers d'hommes au chômage, « *l'Etat Providence est officiellement déclaré en crise... cette figure d'un Etat capable d'assurer simultanément le progrès économique et le progrès social, se trouverait condamnée à disparaître avec elle. Ne disposant plus d'un accroissement important et continu des ressources nationales, l'Etat Providence ne pourrait plus tenir ses promesses et 'faire du social' au même titre qu'auparavant.* »[22]

La crise entraîne la société vers une mutation de ses valeurs. Le terme de *changement* remplace celui de progrès. "*Or à quoi correspond concrètement ce terme de changement, sinon à la mise en place de procédures d'implication de chacun et de tous dans le devenir de la société.*"[23] Les lois de 1971 sur les conventions collectives, les "*lois Auroux sur l'aménagement des conditions de travail ne font qu'entériner et relancer tout ce mouvement de fond.*"[24], la loi qui institue la formation permanente, doivent "*permettre l'adaptation des travailleurs au changement des techniques et des conditions de travail*" mais aussi "*favoriser leur promotion sociale par l'accès aux différents niveaux de la culture.*"[25] Selon Bertrand Schwartz, il s'agit de "*faire de tout individu un agent de changement dans un monde de changement.*" Il convient dès lors de valoriser la capacité de l'individu à s'adapter aux nouvelles technologies en faisant valoir "*une meilleure réalisation de soi par l'investissement de son potentiel dans le cadre de la réussite de l'entreprise.*"[26]

---

[21] CASTEL, R. *Du travail social à la gestion du non-travail*, Revue Esprit, A quoi sert le travail social ? , n° spécial, 1998, p 29
[22] DONZELOT, J. *L'invention du social, Essai sur le déclin des passions politiques*, Ed. Fayard, 1983, p 179
[23] Ibid.
[24] Ibid, p 234
[25] Ibid,
[26] Ibid, p 236

On peut penser dès lors, que l'entreprise va instituer les moyens de favoriser la motivation personnelle des salariés ? Le développement de l'entreprise passerait par le développement personnel de ses salariés.

Par ailleurs, la remise en cause de la gestion centralisée de l'Etat, éloignée des besoins et de la mouvance des territoires et de leur population, a décidé du transfert d'un certain nombre de procédures d'implication vers la base. « *L'aménagement du territoire, le premier, a réorienté son action selon cette idée d'une animation locale de la vie économique et sociale et non plus de la prétention planificatrice du centre.* » La première loi sur la décentralisation fût votée en 1982. L'évolution des lois sociales a suivi le même mouvement du besoin et du « désir » de changement.

Mais la montée du chômage, massif, d'insertion, d'exclusion et de longue durée, adresse un public nouveau vers les travailleurs sociaux. Dans le même temps, le développement des emplois à temps partiel met certains travailleurs en situation objective de pauvreté. La pauvreté des années 80 est insupportable sur le plan culturel car elle touche une population active en état de travailler. La crise remet en cause les fondements de la société basée sur le travail. La valeur travail est fragilisée. Pour Dominique Meda, il convient de « *cesser d'appeler travail ce je-ne-sais-quoi censé être notre essence, et bien plutôt nous demander par quel autre moyen nous pourrions permettre aux individus d'avoir accès à la sociabilité, l'utilité sociale, l'intégration, toutes choses que le travail a pu et pourra encore sans doute nous donner, mais certainement plus de manière exclusive.* »[27] La fonction socialisante d'une activité a t-elle la même valeur qu'un emploi salarié ?

Pour Robert Castel, le travail social est *"toujours plus sommé de prendre en charge les retombées les plus dramatiques de la mutation sociale, économique et technologique en cours. Que peut bien vouloir dire "travailler" en faveur de personnes dont on soupçonne sans cesse plus que l'on sera incapable de leur donner ce dont elles ont le plus besoin, à savoir du travail ? Ainsi, si le travail social apparaît aujourd'hui déstabilisé, c'est qu'il est confronté à de nouvelles populations dont le profil diffère de celui de la clientèle à partir duquel il s'est constitué."*[28]

L'évolution du travail, les conditions de pénibilité dans lesquelles il se réalisait et l'absence de cadre régissant les relations entre employeurs et salariés, ont nécessité la mise en place de lois pour assurer la protection des travailleurs, tant dans leur cadre professionnel que social.

---

[27] MEDA, D. *Le travail, une valeur en voie de disparition*, Ed. Aubier, 1995
[28] Op-cit

Le travail est une valeur fondatrice de la société française que sa « rareté » a déstabilisée. L'homme reconnu et valorisé parce qu'il a du travail, perd ses repères lorsqu'il n'en dispose plus. Cet état de dérèglement et d'absence de règles est ce que Durkheim appelle « l'anomie ». C'est toute la question des liens qui unissent les individus à la société, celle des rapports entre la personnalité individuelle et la solidarité sociale. La cohésion sociale est préservée grâce à la division du travail, où chacun dépend étroitement du travail de l'autre. L'individualisme engendré par ce fonctionnement social peut conduire à toutes sortes de dysfonctionnement et nécessite l'instauration de règles juridiques pour tenter de les juguler.

Le processus qui va conduire les individus privés de travail et de lien social vers l'exclusion est appelé « désaffiliation » par Robert Castel dans son ouvrage « Métamorphoses de la question sociale »[29]. *« Il existe en effet, on le vérifiera sur la longue durée, une corrélation forte entre la place occupée dans la division sociale du travail et la participation aux réseaux de sociabilité et aux systèmes de protections qui 'couvrent' un individu face aux aléas de l'existence. D'où la possibilité de construire ce que j'appellerai métamorphiquement des 'zones' de Cohésion sociale. Ainsi l'association travail stable - insertion relationnelle solide caractérise une zone d'intégration. A l'inverse, l'absence de participation à toute activité productive et l'isolement relationnel conjuguent leurs effets négatifs pour produire l'exclusion, ou plutôt la désaffiliation. »*

De nouvelles lois ont tenté de combler les répercussions tant sociales qu'économiques du chômage et de l'exclusion sur la vie des ménages. Mais la réponse politique par le social, offerte aux travailleurs sans emploi, peut-elle réellement parvenir à absorber les difficultés inhérentes à l'absence de travail ? Le travail social, jusqu'alors centré sur les difficultés imputables à la personne, s'est trouvé confronté à un phénomène massif de société. Quelles mutations cela implique-t-il pour les professions du social ?

---

[29] CASTEL R., *Les métamorphoses de la question sociale, une chronique du salariat*, Ed Gallimard, Coll. follio essais, Paris, 2002, p 17

## III- Le plaisir dans le travail social, essai de problématique

### 1- Un parcours et une motivation constitutifs d'un plaisir au travail ?

#### a. Etre acteur

Au début des années 80, l'appellation de travailleur social recouvrait des métiers identifiés, comme assistante sociale, éducateur spécialisé, animateur socio-culturel, et s'est étendue à d'autres agents sociaux : éducateur technique, aide médico-psychologique, la travailleuse familiale (titre transformé en technicienne de l'intervention sociale et familiale), l'éducatrice de jeunes enfants, la conseillère en économie sociale et familiale, auxquels se sont ajoutés les conseillers conjugaux, les aides à domicile, les assistantes maternelles, puis les puéricultrices, comme autant de signes de la division du travail dans le domaine du social. Les travailleurs sociaux sont « *partout où il est question d'insérer, d'intégrer, d'accompagner, bref de produire ou de restaurer le « lien social ».*[30] Le terme de travailleur social englobe des pratiques et des professionnels qui présentaient pourtant au départ, des caractéristiques hétérogènes.

Dans son ouvrage[31], Brigitte Bouquet s'en tient à la définition donnée par A. Thévenet en 1991 : « *les travailleurs sociaux sont des professionnels reconnus comme tels principalement par le ministère chargé des Affaires sociales, qui après formation qualifiante, se voient confier des tâches de nature sociale, éducative, psychologique ou médico-sociale, auprès de populations en difficulté* ». Nous développerons plus particulièrement ici le métier d'assistante sociale.

Les assistants sociaux, presque exclusivement des femmes, sont issus des postes d'assistantes sociales et de superintendantes d'usines, apparus dès la seconde moitié du XIXème puis développés à partir des lois sur la protection de l'enfance et dont le diplôme d'Etat fut créé en 1932.
« *Dans l'opinion publique, les assistantes sociales sont considérées comme apportant une aide ou un appui à des personnes ou des familles en difficulté. Elles facilitent l'obtention de secours matériels, démêlent des dossiers administratifs et œuvrent vers des solutions possibles. Cette représentation commune consistant en l'instruction de décisions pour l'accès aux prestations et aux aides de personnes en difficulté est trop restrictive et ne correspond pas à ses missions plus larges.* »[32]

---

[30] ION J., *Les travailleurs sociaux*, Ed. La Découverte, 2002, p 3
[31] BOUQUET B., GARCETTE C., *Assistante sociale aujourd'hui*, Ed Maloine, Coll. Professions de santé, 2è édition, 2002, p 24
[32] Ibid, p 28

Selon la définition donnée par le ministère de la Solidarité et de l'Emploi en 2000, « *l'assistant de service social agit avec les personnes, les familles et les groupes pour améliorer leurs conditions de vie sur le plan social, économique, culturel. Il les aide à surmonter leurs difficultés et à développer leurs capacités propres afin de maintenir ou de restaurer leur autonomie et de faciliter leur insertion. Son intervention revêt différentes formes : informer sur les droits aux prestations sociales, aux soins médicaux, à la formation, aider dans les démarches, conseiller et orienter en fonction des demandes vers des lieux d'accueil ou des services spécialisés, participer au développement social des quartiers ou de collectivités en milieu urbain ou rural, concevoir et participer à la mise en œuvre de projets sociaux éducatifs.* » On le voit, la pratique des assistants de service social s'exerce dans de multiples domaines, et dans un champ d'action très large.

L'approfondissement de la crise dans les années 80 et la mise en place de la décentralisation ont bouleversé les pratiques, plaçant les professionnels dans un rapport plus étroit avec le monde politique. Le travail social avait pour mission de remettre durablement dans la société salariée, ceux qui en étaient provisoirement exclus. « *Il lui faut désormais gérer, dans l'urgence et sous le contrôle beaucoup plus direct des élus, la masse des exclus dans une société de plus en plus inégalitaire.* »[33]

De nouvelles missions issues des lois sur le RMI (1988) et de la Lutte contre les Exclusions (1998), ont vu s'accroître les dispositifs de développement social et d'insertion, et l'émergence de nouveaux emplois.

On assiste à un processus de division du travail lié à la multiplication de nouveaux chargés d'accompagnement social, agents de médiation, et autres agents de développement. « *Les professionnelles confrontées à la multiplication des processus, à l'émiettement de la fonction d'accompagnement et à la concurrence d'intervenants multiples, craignent un affaiblissement de leurs capacités décisionnelles et, en fin de compte, leur déprofessionnalisation.* »[34]

La crise professionnelle qui a éclaté dans le début des années 90, est attribuée, selon Brigitte Bouquet[35], d'une part à la crise économique, qui fait transiter vers les assistantes sociales un nouveau public en grande précarité qui s'est ajouté aux problèmes quotidiens à traiter par les assistants sociaux et, d'autre part, à la crise sociale.

Les assistants sociaux travaillent avec les personnes, les familles ou les groupes, mais ont également à situer leur action pour contribuer avec d'autres à enrayer l'accentuation des écarts. « *Cette situation fait naître une forme de désenchantement chez les professionnels qui ont le sentiment de travailler sans avenir.* »[36]

---

[33] Ibid, p 12
[34] GARNIER, J.F. *Assistante sociale, pour la redéfinition d'un métier*, Ed. L'Harmattan, 1999, p 14
[35] Ibid, p 10-11
[36] DUBET, F. *Une fonction sociale généralisée*, Revue Esprit, « A quoi sert le social ? », 1998

Pourtant, leur écoute des habitants, leur connaissance des besoins individuels, leur observation du terrain et la mise en œuvre de leurs capacités en matière d'analyse et d'évaluation sont autant de compétences au cœur de la mission confiée aux assistants sociaux. Elles nécessitent de leur part une adaptation constante à un contexte en perpétuelle évolution. Cet aspect de leur métier invite à considérer l'assistante sociale en tant qu'acteur au sens où l'entendait M. Crozier[37] :

- chacun a ses buts, ses objectifs propres,

- l'accent est mis sur la liberté de l'acteur et sur son autonomie, sous l'aspect « *liberté d'interprétation de l'acteur qui peut aller jusqu'à transformer la définition initiale du rôle.* »

- les stratégies des acteurs sont toujours rationnelles mais d'une rationalité limitée. Chacun doit défendre son domaine.

C'est ainsi que même si elle est salariée d'un service qui lui assigne des missions spécifiques, toute assistante sociale a son propre regard sur son métier, chacune a des buts, des objectifs qui lui sont propres, ce qui pose question en terme d'identité professionnelle. Le code de déontologie de la profession émet comme principe que l'assistant de service social dispose de « l'autonomie nécessaire pour choisir la forme de ses interventions » (art. 7 – *De l'indépendance et de la liberté*). Cette autonomie ne délie pas l'assistant social de ses obligations envers son employeur, ni de rendre compte de son activité, mais lui confère une liberté d'intervention qu'il a la charge d'apprécier et d'adapter à la problématique rencontrée. L'assistante sociale est un acteur de changement pour les personnes qu'elle accompagne. Elle « *sait bien que la démarche d'accompagnement d'un usager en difficulté consiste souvent à commencer par lui faire reprendre confiance dans ses propres potentialités pour qu'il puisse se projeter dans l'avenir.* »[38]

Les bouleversements du travail social peuvent être source de déstabilisation et d'incertitude pour les assistants sociaux, parce que modifiant les contours de leur intervention habituelle. Mais n'est-ce pas là l'occasion d'une redynamisation, dont ils devraient tirer profit, à travers l'ouverture que permettent d'envisager les nouvelles formes d'action sociale.

---

[37] DURAND, J.P., WEIL, R. op-cit, p 484-485

[38] GARCETTE, C. *Malaise dans le travail social*, ASH n°2251, 22 février 2002

N'est-ce pas là l'occasion pour l'assistant social de réaliser pleinement le rôle d'acteur que lui assigne la définition de son métier et d'exercer son pouvoir ? *« Le pouvoir des travailleurs sociaux, si limité soit-il, découle à la fois d'une capacité (ressources, compétences), d'une habileté (capacité à mobiliser des ressources internes et/ou externes avec efficacité), d'une position (statut, place dans les rapports sociaux). Il procède d'un choix (volonté), vise une finalité (intérêt, projet) et n'existe qu'en situation (dans les interactions, dans des rapports de force) et dans un contexte socio-historique donné. »*[39]

Dans son poste de travail, l'assistante de service social est confrontée à la fois à la contrainte des règles qui régissent sa profession et sa mission, et à la contrainte liée aux règles salariales et au contexte des mutations sociales. Sa propre marge de manœuvre place l'assistante sociale dans une démarche dynamique de plaisir, indissociable du principe de réalité que sont les contraintes de l'environnement, réalité qu'elle doit s'autoriser à transformer. Sa fonction d'expert et sa capacité d'évaluation lui permettent de libérer sa créativité et de conquérir son plaisir. Par ailleurs, l'action de l'assistante sociale sera d'autant plus renforcée qu'elle sera en conformité avec ses motivations, ses raisons d'agir.

b. Une motivation,

« On ne devient pas assistante sociale par hasard » se laissait-on dire dans les couloirs des écoles d'assistantes de service social… Accéder à ce métier relèverait donc plutôt de la motivation que du hasard ? D'ailleurs, les épreuves d'entrée dans les centres de formation se basent pour partie sur les motivations des candidats à la profession d'assistant de service social, à exercer le métier choisi. Mais quelles sont les raisons qui fondent les motivations des candidats à aller vers ce métier ?

La théorie des motivations, fondée sur la théorie des besoins, a été vulgarisée par le psychosociologue américain A.H Maslow (1954)[40]. Les besoins inhérents à l'individu s'imposent à lui de manière contraignante et sont hiérarchisés.

La satisfaction des besoins engendre les motivations, raisons que l'individu se donne d'agir.

---

[39] TROUTOT, in *"Etre assistante de service social*, Corinne Saint Martin, Ed. L'Harmattan, 1999, p113-114
[40] DURAND J.P., WEIL R., *Sociologie contemporaine*, Ed. Vigot, collection Essentiel, sept 1999, Paris, p476

Cette théorie s'est traduite dans la pyramide des besoins :

| *Les besoins* | *Leur traduction sociale* |
|---|---|
| *Réalisation de soi* | *Accomplissement social de soi par le métier* |
| *Estime* | *Compétence, prestige social* |
| *Appartenance* | *Classe sociale, syndicat* |
| *Sécurité* | *Emploi, sécurité sociale* |
| *Besoins organiques* | *Revenus, salaires* |

Chaque besoin ne peut être assouvi que lorsque les besoins de l'étage inférieur sont eux-mêmes satisfaits. Mais la motivation ne peut se réduire à la seule satisfaction des besoins telle qu'elle a été décrite par A.H Maslow ni surtout selon la graduation qu'il a élaborée. En effet, l'être humain est une unité et on ne peut distinguer ses besoins d'une manière aussi radicale. Par ailleurs, les besoins des individus ne trouvent pas systématiquement leur réalisation au sein de la société. On ne peut pas dire par exemple, que les revenus à eux seuls permettent de satisfaire les besoins organiques, de même que la réalisation de soi ne passe pas uniquement ni forcément par le métier.

Claude Lévy-Leboyer[41] nuance cette échelle des besoins. Pour lui, la motivation se construit à partir de différents facteurs. Chacun d'entre nous n'est motivé que par un nombre limité d'activités, c'est un processus qui met en relation l'individu et le contexte social dans lequel il évolue. Les besoins jouent un rôle dans le processus motivationnel.

La motivation est un processus complexe qui implique l'intention, l'action, l'individu, la situation et le degré de conscience. Elle évolue donc dans le temps, elle n'est pas statique. La motivation serait le moteur qui « *fait naître l'effort pour atteindre un objectif et qui relance l'effort jusqu'à ce que l'objectif soit atteint.* »

La motivation dépend de l'estime de soi, tributaire de l'image que les autres nous renvoient ; de la valeur que chacun attribue à la récompense que produit l'activité, mais chacun a des besoins qui varient en fonction de ses activités, de sa situation familiale, etc. Ce qui peut motiver à un moment peut perdre de son intérêt quelque temps plus tard. La récompense (le plaisir) ne se limite pas à l'argent, elle peut être symbolique, signes d'estime ou témoignages de succès, mais suppose un but accepté et précis pour pouvoir effectuer l'évaluation des résultats.

---

[41] LEVY-LEBOYER, C. *Le coeur à l'ouvrage*, « *les ressorts de la motivation* », dossier Sciences Humaines n°92, mars 1999

La motivation dépend de la personne, de son niveau d'anxiété, qui détermine son niveau de confiance en elle. Une des stratégies susceptible de stimuler la motivation, selon Claude Lévy-Leboyer, concerne le travail lui-même et l'idée qu'il est possible de le changer pour le rendre plus motivant, en lui restituant ou un ou des sens.

Pour Joseph Nuttin[42], et dans l'idéal, il faudrait que le travail, pour être motivant, s'inscrive dans le projet de développement personnel inhérent à tout être humain. Il ne peut être dissocié de sa construction personnelle, de son identité. Le travail est un moyen de se réaliser : « *Ainsi, en travaillant, il travaillerait à son propre développement. Dans le cas idéal, le travail professionnel s'inscrit dans cette conception de soi. C'est ce qui arrive lorsqu'on prend soi-même l'initiative et la responsabilité de son travail ou de l'entreprise que l'on commence.* » La satisfaction des besoins et la réalisation des buts poursuivis est source de plaisir, ainsi que le confirme J. Nuttin : « *le plaisir est l'effet affectif produit par l'obtention de l'objet-but, plutôt que le but lui-même.* »[43]

Pour Serge Paugam[44], « *avoir un travail signifie pour les salariés, à la fois la possibilité de l'épanouissement dans une activité productive et en même temps la possession de garanties face à l'avenir.*» Il estime que l'épanouissement dans une activité productive est atteint « *lorsque les salariés disent qu'ils éprouvent des satisfactions au travail, satisfactions qui peuvent relever de l'Homo faber, l'Homo oeconomicus ou de l'Homo sociologicus.* » L'Homo faber se « fait en se faisant », l'Homo oeconomicus lie la satisfaction du travail à la rétribution, en fonction de l'état du marché, l'Homo sociologicus fait de la reconnaissance par les autres un facteur essentiel de motivation.

Pour Antoine de la Garanderie, « *il n'y a motivation que si la conscience est consciente de motifs et si elle adhère à ces motifs. Qu'est-ce qu'un motif ? Une raison de choisir. Qu'est-ce qu'une motivation ? Une raison de choisir dans laquelle la conscience se reconnaît, que la conscience fait sienne parce qu'elle se sent prise par elle. (…) La motivation est toujours lucide et procède d'une conscience qui s'est décidée.* »[45]

Nous pouvons en déduire que la motivation est le moteur sans lequel une action, quelle qu'elle soit, ne peut se réaliser totalement. La motivation est intimement liée à la personne, à son histoire, à son développement, à son identité, à ses besoins, y compris son travail.

---

[42] NUTTIN, J. *Théorie de la motivation humaine*, Ed. PUF, Coll. Psychologies aujourd'hui, 1996, p 194-202

[43] Op-cit, p 202

[44] PAUGAM, S. *les formes d'intégration professionnelle, le travail mode d'emploi*, dossier Sciences Humaines, n°114, mars 2001

[45] DE LA GARANDERIE, A. *La motivation, son éveil, son développement*, Ed du Centurion, 1991, p 13

La motivation est en mouvement et en évolution comme l'est l'être humain lui-même. Ainsi pourrions-nous supposer que les besoins d'un individu ne peuvent être qu'intrinsèques. Les besoins d'un individu dépendent du contexte dans lequel il évolue, des normes de la société et du regard qui sera posé sur lui. La motivation sera donc fluctuante et évolutive, fruit d'une construction permanente comme le sont les besoins individuels. Le plaisir produit par la réalisation de ses besoins sera donc très différent d'une personne à l'autre et résultat, en partie, de cette motivation construite.

Ces arguments nous laissent à penser que pour s'épanouir et trouver du plaisir dans l'action qu'elle va mener, l'assistante sociale aura à connaître ses motivations, à avoir conscience des motifs au nom desquels elle agit. *« Vouloir, pouvoir aider un individu à mieux vivre, passe inéluctablement par un questionnement sur les motivations professionnelles qui englobent des interrogations personnelles et éthiques, sur la part d'eux-mêmes, réelle et imaginaire, dont les travailleurs sociaux nourrissent la relation d'aide. »*[46]

### c. La relation, siège des émotions

La pratique de l'assistante sociale s'appuie pour une grande part sur la relation d'aide, relation qui implique une relation individuelle, un face à face. L'aide ne peut exister en l'absence de la personne qui vient demander de l'aide. Il sera donc nécessaire de se voir, de « poser un regard sur l'autre ».

Mais le corps se déplace dans un espace qui n'est pas neutre.[47] Konrad Lorenz et Edward Hal ont été les premiers à le découvrir.

Quatre zones divisent cet espace : intime, personnelle, sociale, publique. La zone intime est la zone affective, (limitée à l'avant-bras tendu, coude collé au corps). Dans cette zone, nous pouvons toucher une personne en la prenant par les épaules, ou dans nos bras, observer ses yeux, ressentir sa respiration. La zone personnelle s'étend jusqu'au bout du bras tendu, c'est la zone d'influence physique sur le monde. La zone sociale est l'addition de deux zones personnelles lorsque deux individus se rencontrent. La zone publique est l'espace qui s'étend au-delà de la zone sociale.

---

[46] GARBARINI, J. Op-cit, p 10

[47] Ibid, p 80

F. Padrini[48] explique que nous avons tous une zone privilégiée dans laquelle nous nous insérons spontanément. « *Il y a ceux qui ne transmettent que dans la zone intime, en serrant les bras ou l'épaule de leur interlocuteur comme s'ils avaient besoin d'un contact physique et ceux qui au contraire, ne se sentent à l'aise que dans la zone sociale ou publique, reculent instinctivement dès qu'on cherche à pénétrer leur zone intime ou leur zone personnelle, comme pour se protéger d'intrusions éventuelles.* »

Ainsi, « *plus un individu s'éloigne de quelqu'un en se déplaçant vers la zone publique, plus il cherche à marquer ses distances. Plus un individu se rapproche de son interlocuteur, en cherchant à pénétrer la zone intime, plus il s'efforce instinctivement de réduire les distances, en chargeant son message d'un contenu affectif plutôt que rationnel.* » Dans tous les cas de figure, l'individu envoie des signaux et communique.

L'entretien d'aide se fera le plus souvent dans l'espace délimité par la zone dite « sociale », avec un bureau entre les interlocuteurs, comme pour en marquer encore mieux la frontière. Pour être « aide », la relation doit être dénuée de tout affect. Il sera nécessaire de se voir, mais il ne sera pas permis de se toucher. L'assistante sociale doit « écouter » mais ne doit pas « juger ».

Dans sa pratique, l'assistante sociale n'aura recours au toucher, comme geste qui sauve, que dans des situations extrêmes de souffrance. C'est alors la relation professionnelle qui s'efface au profit de la relation humaine. Pour rester une relation professionnelle, en théorie, la relation d'aide nécessite qu'il n'y ait pas d'implication personnelle de l'assistante sociale. Or, dans les faits, il apparaît difficilement concevable qu'aucun sentiment ne transite dans une relation humaine, de quelque nature qu'elle soit. Etre à l'écoute de ses émotions permettra à l'assistante sociale d'adapter son fonctionnement pour éviter le déplaisir.

**Nous pouvons alors émettre l'hypothèse que le parcours comme structurant de l'accès au plaisir dans le travail, allié à la conformité de ses motivations, et à l'écoute de ses émotions, met l'assistante sociale en capacité d'être acteur et d'éprouver du plaisir dans son travail.**

---

[48] Op-cit, *Le langage secret du corps*, Ed de Vecchi, juillet 1995, p 50

2- Une adaptabilité liée au plaisir ?

Travailler occupe une place essentielle dans l'existence des individus. Même si historiquement et légalement c'est une activité dont la durée tend à se réduire, bon nombre de personnes y consacrent environ 1/3 de leur journée, pendant près de la moitié de leur vie.

Le XIXème siècle et le début du XXème ont été le berceau du développement du monde ouvrier. L'histoire des ouvriers est celle des conquêtes en matière d'évolution des lois sociales. A partir de 1975, le chômage les frappe de plein fouet et remet profondément en cause leur identité. Le début du XXème siècle voit également se développer les métiers de bureaux. C'est à la même époque que les métiers d'institutrices, d'infirmières, d'assistantes sociales, prennent leur essor. Le monde des employés forme un ensemble très hétérogène et transforme la nature du travail. Les composantes physiques du monde ouvrier laissent la place à l'aspect plus intellectuel et relationnel du travail. Les employés représentent aujourd'hui les ¾ de la population active.

Le chômage de masse a fragilisé les solidarités collectives et renvoyé l'individu à lui-même. Pour Claude Dubar, « *la modernisation à l'œuvre dans les sociétés industrielles est un mouvement qui fait primer l'identité du Je sur l'identité du Nous.* »[49] Les exigences de la compétitivité supplantent le niveau de qualification. « *Désormais, ce qui compte, c'est le résultat que chaque salarié va apporter à l'entreprise. Sur le plan de la gestion des ressources humaines, cela se traduit par les tentatives de transformer les salariés en 'partenaires volontaires' de l'entreprise ».*[50] L'entreprise est réorganisée à partir de dispositifs individualisés qui exigent des salariés de nouvelles formes d'implication. Les valeurs idéologiques transmises par l'entreprise se délitent, au profit de la part personnelle qui devient dominante. Ce nouveau comportement dans le travail implique de plus en plus de difficultés liées au stress et au burn-out, dans une recherche de nouveaux repères pour se construire une nouvelle identité au travail. Le travail social n'a pas échappé à cette évolution, à cette crise des identités professionnelles.

Nous examinerons dans un premier temps ce que révèle l'identité, avant de nous attacher à la profession.

---

[49] DUBAR, C. *Identités professionnelles, le temps du bricolage*, Sciences Humaines n°114, mars 2001
[50] Ibid

a. L'identité

Le concept d'identité « *désigne à la fois ce qui est propre à un individu ou à un groupe et ce qui le singularise. L'utilisation de ce concept en sociologie permet d'éclairer les relations de l'individu avec son environnement.* »[51] Une première conception de l'identité en tant que « *produit des socialisations successives* »[52] s'appuie sur les travaux de Piaget en psychologie : l'identité résulte d'une transmission reçue au cours de l'enfance.

Pour Piaget, les structures évolutives, qui lui servent à définir les stades du développement de l'enfant, sont indissociables des conduites définies comme des réponses à des besoins nés de l'interaction entre l'organisme et son environnement physique et social. Ainsi, toute action (geste, sentiment, pensée) est conçue comme une tentative pour réduire une tension, un déséquilibre entre les besoins de l'organisme et les ressources de l'environnement. C. Dubar développe l'identité comme une construction permanente, s'appuyant sur une trajectoire non linéaire.

Une seconde conception s'intéresse moins à la reproduction de l'identité qu'à son émergence au sein de formes sociales spécifiques, par exemple professionnelles. Les deux approches s'articulent conjointement.

L'identité collective est l'aptitude d'une collectivité à se reconnaître comme groupe. Le concept d'identité collective est à la base des théories de l'action. La théorie de l'action, selon Parsons, rejoint celle de Max Weber, « *faisant de la sociologie la science de l'action sociale définie comme conduite « ayant une signification subjective »* c'est à dire *« orientée au moins partiellement par le comportement d'autrui. »*[53]

Selon Parsons, l'action humaine est orientée vers des buts, elle prend place dans des situations, elle est régulée par des normes, elle implique une motivation. L'identité serait donc étroitement liée à l'action, l'identité se construit dans l'action.

Selon R. Sainsaulieu, « *s'il y a des identités collectives, c'est que les individus ont en commun une même logique d'acteur dans les positions sociales qu'ils occupent.* »

---

[51] BOUDON, R., BESNARD, P., CHERKAOUI, M., LECUYER, B.P. *Dictionnaire de la sociologie*, Ed Larousse
[52] DUBAR, C. *La socialisation, construction des identités sociales et professionnelles*, Ed Armand Colin, 1998
[53] Ibid, p 46

Il poursuit sa réflexion en précisant que la recherche en sciences humaines s'attache d'un côté à « *la reconnaissance des besoins, aspirations et motivations des individus au travers de l'expérience des rapports collectifs au travail. (...) D'un autre côté il s'agit de nombreux travaux de psychiatres et psychologues montrant que les individus peuvent être atteints dans leur identité par l'expérience même des rapports au travail.* »[54] L'identité individuelle serait donc intimement liée à l'identité professionnelle du fait de leur interaction ce qui élargit l'approche problématique du plaisir dans le travail.

### b. La profession

Le terme profession désigne à la fois :
- l'ensemble des emplois reconnus dans le langage administratif notamment dans les classifications de recensements de l'Etat,
- les professions libérales et savantes sur le modèle des médecins et des juristes.

Les professions et les métiers ont une origine commune : les corporations, c'est à dire des « corps, confréries et communautés » au sein desquels les membres « *étaient unis par des liens moraux et par un respect des réglementations détaillées de leurs statuts.* »[55] Ainsi, les activités professionnelles s'inscrivent dans la continuité de la pratique communautaire des métiers.

Dans son ouvrage « La socialisation, construction des identités sociales et professionnelles », Claude Dubar présente le « type idéal professionnel » décrit par Champoulie, et reposant sur :
- une compétence techniquement et scientifiquement fondée,
- l'acceptation et la mise en pratique d'un code éthique réglant l'exercice de l'activité professionnelle,
- une formation professionnelle longue dans des établissements spécialisés
- un contrôle technique et éthique des activités exercées par l'ensemble des collègues considérés comme seuls compétents,
- un contrôle reconnu légalement et organisé en accord avec les autorités légales,
- une communauté réelle des membres partageant des identités et des intérêts spécifiques,
- une appartenance par les revenus, aux fractions supérieures des couches moyennes.

---

[54] SAINSAULIEU, R. *Identité au travail*, Ed. Presses de Sciences PO, coll Références académiques, réed 2000, p 303
[55] DUBAR, C. *La socialisation, constructions des identités sociales et professionnelles*, Armand Colin, 1998, p 134-135

Pour saisir le phénomène « professionnel », Everett Hughes introduit les notions de diplôme et de mandat :
- le diplôme, c'est l'autorisation légale d'exercer certaines activités que d'autres ne peuvent exercer,
- le mandat, c'est l'obligation légale d'assurer une fonction spécifique.

La description de ce type idéal professionnel pourrait nous inviter à prendre ces différents items en tant que points de repères pour appréhender l'identité professionnelle de l'assistante sociale, mais nous n'en aurions qu'une vision partielle qui ne tiendrait compte ni de la personnalité individuelle ni de l'identité sociale du sujet, ce que les sociologues de l'Ecole de Chicago avaient su observer, en reliant l'univers du travail aux mécanismes de la socialisation.

L'identité professionnelle est un thème cher aux travailleurs sociaux, abordé le plus souvent en terme de « recherche » ou de « perte », essentiellement lié aux mouvances de l'action sociale des dernières décennies. Affirmer son identité professionnelle serait *« lié au besoin de reconnaissance du contenu du travail, des difficultés spécifiques, des compétences propres.(…) S'affirmer en tant que profession, c'est aussi être reconnue comme telle par l'extérieur, par la société. Or les travailleurs sociaux souffrent d'un manque de visibilité dans le champ social, car on ne sait pas ce qu'ils font. »*[56]

L'écart entre la manière dont « l'opinion publique » considère le travailleur social et les compétences réelles qui sont les leurs, devrait tendre à se réduire si les professionnels « montraient » ce qu'ils font, s'ils valorisaient leur action, que ce soit en la parlant ou en l'écrivant. *« Les travailleurs sociaux ont du mal à parler de ce qu'ils vivent, de ce face à face souvent intime avec celui qui demande attention, compassion, aide. Peut-être que mettre des mots sur cette rencontre c'est pour le travailleur social, mettre une distance entre lui-même et l'usager, voire même le trahir. »*[57]

Mais l'identité professionnelle est très difficile à définir à partir du moment où chaque assistante sociale voudra à la fois se reconnaître dans son métier, et s'inscrire dans un corps professionnel au sein duquel chaque membre aura une vision de plus en plus personnelle de son action. Le travailleur social en général, et l'assistante sociale en particulier, ne pourra trouver ou re-trouver une identité professionnelle ou n'être reconnu que dans l'action qu'elle met en œuvre.

---

[56] PEZET, V., VILLATTE, R., LOGEAY, P. *De l'usure à l'identité professionnelle, le burn out des travailleurs sociaux*, Ed TSA, mars 1996, p 138
[57] GARBARINI, J. *Relation d'aide et travail social*, Ed. ESF, Collection Actions Sociales / Société, 2è édition 1999, p 9

Il conviendrait donc qu'elle prenne au quotidien les moyens d'affirmer ce qui fait l'essence de sa profession, ce qui la différencie des autres métiers du social, ce qui la définit. L'art de la relation qui caractérise les professions du social, devrait permettre à l'assistante sociale de s'inscrire réellement dans un rôle de médiation avec les institutions, espace dans lequel les politiques sociales l'amènent de plus en plus à se positionner et à trouver sa place, son identité... et éventuellement son plaisir. La place de l'assistante sociale est trop souvent définie par défaut, c'est-à-dire par les autres professionnels ou par des missions que d'autres services n'exercent pas, plutôt que par l'assistante sociale elle-même. Le pouvoir agir permet d'influer sur la manière dont on occupe son poste de travail et où l'on peut y trouver plaisir, y construire un plaisir.

***Ceci nous mène à notre seconde hypothèse : Sa capacité d'acteur ouvre à l'enrichissement de l'identité professionnelle de l'assistante sociale et lui permet d'avoir du plaisir dans son travail.***

3- Rappel de la question de départ et des hypothèses

Question de départ :

Qu'est-ce qui permet aux assistantes sociales de trouver du plaisir dans le contexte actuel de l'exercice de leur métier ?

Hypothèses :

1. Le parcours comme structurant de l'accès au plaisir dans le travail, allié à la conformité de ses motivations, et à l'écoute de ses émotions, mettent l'assistante sociale en capacité d'être acteur et d'éprouver du plaisir dans son travail.

2. Sa capacité d'acteur ouvre à l'enrichissement de l'identité professionnelle de l'assistante sociale et lui permet d'avoir du plaisir dans son travail.

## IV- Du besoin au plaisir

### A- Présentation de la démarche

L'objectif de cette recherche qualitative est de mieux cerner les fondements du plaisir que les assistants sociaux éprouvent dans l'exercice de leur profession et, par ailleurs, de soumettre nos hypothèses à l'éclairage de la réalité. Il nous fallait donc rencontrer des professionnels et les questionner sur le contexte dans lequel ils travaillent au quotidien et sur la vision qu'ils ont de l'évolution de leur métier.

La méthode de l'entretien semi-directif étant la plus appropriée au recueil de leur expression, c'est celle qui a été utilisée. Il s'agissait d'écouter ce qui fait sens pour eux et ce qui leur permet de se maintenir dans un métier aux contours parfois si flous, en partant de leur expérience et de leur ressenti. Le guide d'entretien (en annexe) devait aider la personne interviewée à conduire ses réponses et approfondir sa réflexion. Il est constitué de quatre parties : l'accès au métier, les raisons de ce choix, les études ; le métier, sa définition, sa réalité ; son évolution ; l'expression des émotions et est parcouru par la volonté d'éclairer le concept de plaisir central dans notre approche.

Le premier critère pour établir l'échantillon était la participation volontaire. Une certaine ancienneté d'un minimum de 5 ans dans la profession était souhaitable pour avoir un recul suffisant. Par ailleurs, compte tenu des fonctions d'encadrement que j'exerce au sein du service, il apparaissait évident pour permettre la libre expression, et pour la sincérité des propos, que les professionnels interviewés exercent dans un autre service et qu'il n'y ait pas de lien hiérarchique entre nous. L'origine géographique a été limitée aux départements de l'Orne et de la Sarthe.

#### 1- La prise de contact

Après avoir obtenu l'accord de mon employeur, un courrier a été adressé aux différents services spécialisés et établissements employant des assistants sociaux, y compris l'institut de formation sanitaire et social implanté dans le département. Le Conseil général de la Sarthe a également été sollicité.

L'institut de formation a très rapidement proposé une liste de huit professionnels constituée à l'occasion d'une rencontre de formateurs terrain. Seuls quatre d'entre eux ont été retenus, les autres ayant leur résidence sur la région parisienne ou autre. Par ailleurs, la période de l'été n'a pas été très favorable à la prise de rendez-vous. Les autres assistantes sociales qui ont été interviewées l'ont été après avoir pris contact, suite au courrier de sollicitation qui avait été adressé auprès de leur service. A l'issue de cette investigation, 15 entretiens ont été réalisés avec des professionnels, 14 femmes et un homme âgés de 29 à 59 ans, provenant de 12 services différents ; soit 11 en service social spécialisé, 2 en polyvalence de secteur, et 2 en situation de formateur.

La majorité des personnes interviewées a été rencontrée dans leur cadre professionnel, excepté pour deux d'entre elles. L'entretien avec Marie s'est réalisé à son domicile, puisqu'elle était sans emploi à cette période. Celui de Marianne s'est déroulé à mon bureau, pour convenance réciproque.

Tous les entretiens ont été enregistrés au moyen d'un dictaphone. Les interviews ont duré de 45 minutes pour le plus court à 1h30 pour le plus long. Les 21h d'entretiens ont nécessité 180h de dactylographie pour leur retranscription, représentant un volume global de 212 pages.

2- Quand le plaisir est là

L'examen de ces interviews, nous a permis d'observer que tous les professionnels ont répondu « oui » à la question « *diriez-vous que vous exercez votre métier avec plaisir ?* ». Seule Sygrid a porté un petit bémol au plaisir qu'elle pouvait éprouver: « *Plaisir, je sais pas si on peut dire ça. Y a des moments, des moments de plaisir (…) Mais je dois admettre que même si c'est un métier, où il y a plus d'efforts que de plaisir à mon sens, j'ai des moments de plaisir.* » L'ampleur de cette affirmation par rapport au panel de personnes interviewées, nous renvoie à une interrogation : n'ont-elles accepté cet entretien que parce qu'elles ont du plaisir dans leur travail ?

Elles disent avoir accepté de témoigner pour les raisons suivantes :
- Le thème se révélait être une idée intéressante car peut-être un peu inhabituel dans ce qui est couramment abordé en service social :

  « *Je trouvais l'idée très intéressante, d'aborder le travail social sous l'angle du plaisir* »

- Elles ont accepté cet entretien pour se donner l'occasion de s'exprimer sur le plaisir dans le travail social car le quotidien ne leur en laisse pas forcément l'opportunité. C'est peut-être encore aujourd'hui un métier qui reste très ancré sur le don de soi aux autres, l'altruisme, voire même culpabilisant dans le discours par certains aspects. Dans ce contexte, parler du plaisir relève réellement du tabou :
  *« Je me suis dit qu'il fallait réhabiliter la notion de plaisir dans le travail social, c'est quelque chose dont on ne parle pas, de presque tabou... comme si on n'avait pas le droit. »*

- Elles pensaient que s'exprimer sur le plaisir dans leur travail leur permettrait d'ouvrir la porte à la réflexion sur ce qu'elles réalisent au quotidien, peut-être à un moment de leur vie professionnelle où leur plaisir se met en pointillé. L'idée de plaisir est ici associée à quelque chose que l'on fait « bien ». Ce qu'on réalise avec plaisir est bien fait et ce qui est fait en y étant obligé, donc sans plaisir, est « mal fait » :
  *« Je me suis dit que ça allait me permettre de réfléchir à ce que je fais, et pourquoi je le fais. Quand on fait quelque chose c'est parce qu'on l'aime et quand on est obligé on le fait, mais on le fait mal, donc je me suis dit que ça allait me permettre de réfléchir à tout ça. »*

C'est d'ailleurs en en parlant dans le cadre de cette étude que certaines ont pris conscience qu'elles avaient du plaisir dans leur travail :
*« D'en parler je m'aperçois qu'en fin de compte, c'est vrai que honnêtement, c'est en en parlant que je m'aperçois que je trouve vachement de plaisir à faire mon boulot tu vois. T'as pas le temps, tu t'arrêtes pas vraiment pour te dire..., tu t'en rends pas vraiment compte quoi... »*

- Elles ont participé à cette recherche avec l'envie d'en apprendre un peu plus long sur la question :
  *« Parce que le sujet a excité ma curiosité et j'avais envie de savoir. »*

- Parler du plaisir c'était en même temps se donner une image positive du métier :
  *« Parce que je trouvais que pour une fois ça permettait d'être positive dans notre boulot. »*

Se retrouve ici un bon nombre de points intéressants cernant le « malaise » de la profession et le désir d'y faire face : un certain enfermement sur le social, la pression du quotidien et des interdits, une certaine incapacité ou difficulté à trouver certains des fondements du travail comme valeur fondamentale, la curiosité insatisfaite, l'image plus ou moins négative de la profession. Chacun se focalise plus ou moins sur l'un des thèmes ce qui peut s'expliquer en partie, et pour commencer, par les parcours.

### 3- Des parcours longs et diversifiés

Un regard sur l'ensemble des entretiens révèle des parcours professionnels dans la durée, et plutôt diversifiés. En effet, trois professionnels ont une expérience de 30 ans et plus, trois d'entre eux ont leur diplôme depuis 15 ans et plus, sept ont entre 6 et 14 ans d'ancienneté dans leur profession, une seule ne travaille que depuis 5 ans. Tous sont en activité. Parcours diversifiés puisque hormis trois professionnelles qui travaillent pour le même employeur depuis l'obtention de leur diplôme : 30 ans pour l'une, douze et neuf ans pour les deux autres, la grande majorité a changé entre 2 et 5 fois d'emploi. Trois personnes interviewées ont accédé au métier d'assistant social après avoir exercé dans un autre domaine. Il est à noter, que le parcours professionnel s'organise en général de la polyvalence de secteur vers un service social spécialisé ou, lorsque les personnes exercent en spécialisé, elles y restent en principe, quitte à changer de service ou de poste, mais toujours en spécialisé.

En effet, comme l'explique Edith qui exerce en polyvalence de secteur depuis 9 ans sur le même secteur : « *Par rapport à la polyvalence, moi je me compare à un généraliste, c'est à dire qu'on est amenés à traiter vraiment plein de sujets, c'est être capable d'aborder plein de thèmes et de rencontrer une multitude de personnes très différentes, ça va des personnes âgées aux enfants, aux personnes surendettées ou autres... et dans tout ça on doit arriver à relier, à faire nos missions dans le cadre du logement, de l'enfance, du RMI ou autre.* » La diversité des situations et l'aspect multidimensionnel de la mission peuvent engager certains professionnels à s'orienter plus ou moins rapidement vers un poste spécialisé, dans un champ très spécifique. L'inverse se produit rarement, sauf choix de carrière bien déterminé qu'il ne nous a pas été donné de rencontrer dans le cadre de ces entretiens.

Cependant ceci est insuffisant, un autre type d'analyse est nécessaire et va prendre comme base un point fondamental extrait des propos des assistants sociaux interviewés pour approfondir la notion de parcours.

4- Analyse thématique

Un examen des entretiens sous l'angle du rapport au plaisir a été entrepris, mais très rapidement, force a été de constater que toutes les personnes interviewées avaient émis l'équilibre et la stabilité entre la sphère dite personnelle et la sphère professionnelle comme source de bien-être au travail et motif de longévité dans la carrière, la rupture de cet équilibre par l'un ou l'autre des aspects modifiant alors la trajectoire professionnelle tout en exerçant le même métier. Cette condition nous est apparue avec une telle évidence que nous nous sommes attachés à en faire le fil conducteur de cette analyse, tout comme les professionnels l'avaient fait en le posant en filigrane de leur parcours.

Dans la définition que les professionnels questionnés ont donné de leur métier d'assistant social, chacun a exposé qu'il s'agissait d'un métier de relations humaines, de relations entre l'assistant social et le bénéficiaire de l'action sociale : « *Je dirais que c'est un travail d'aide, de relation à l'autre, avec l'objectif de pouvoir permettre aux personnes avec qui on travaille, de les accompagner pour évoluer, dans un domaine ou un autre, c'est à dire qu'il y en a où ça va être le domaine financier, l'éducation des enfants, mais c'est vraiment je pense un échange sous forme de conseils, parfois plus autoritaires que d'autres.* » (Edith)

De la lecture de l'ensemble des récits émerge l'idée que c'est également un métier où le professionnel est régulièrement mis face à lui-même en tant que personne, dans toutes les dimensions de sa vie privée. Du choix du métier, à des changements de postes, en passant par la découverte de soi et des modifications de comportement professionnel, toutes les actions mises en place par les professionnels tendent à établir ou à préserver l'équilibre entre l'espace de vie privée et de vie professionnelle, inévitablement imbriqués ; allant même jusqu'à rejeter cette imbrication en « cloisonnant les choses » pour rester en équilibre, prouvant ainsi qu'elle est difficilement contournable.

5- Méthode

En nous inspirant du modèle de l'axe double mis en évidence par Robert Castel dans son ouvrage « Les métamorphoses de la question sociale » pour expliquer le processus de désaffiliation : « *J'ai proposé une hypothèse générale pour rendre compte de la complémentarité entre ce qui se passe sur un axe d'intégration par le travail - emploi stable, emploi précaire, exclusion de l'emploi – et la densité de l'inscription relationnelle dans des réseaux familiaux et de sociabilité – insertion relationnelle forte, fragilité relationnelle, isolement social.*

*Ces connexions qualifient des zones différentes de densité des rapports sociaux, zone d'intégration, zone de vulnérabilité, zone d'assistance, zone d'exclusion ou plutôt de désaffiliation.* »[58], nous avons tenté de cerner les fondements du plaisir au travail chez les assistantes sociales et les principales caractéristiques qui régissent leur fonctionnement.

Nous avons considéré que l'identité personnelle de l'assistant social, qui se construisait à partir de la sphère familiale, c'est-à-dire les parents, les enfants, le conjoint, les amis, est source de motivation et d'élaboration de l'identité professionnelle, et vice-versa. La conjonction de l'axe d'identité personnelle avec l'axe d'intégration sociale permet de déterminer, en fonction du niveau d'intégration par le travail, un espace d'équilibre personnel. La conjonction de l'axe d'identité professionnelle avec l'axe d'intégration par le travail, et selon le niveau d'intégration sociale, créera un espace d'équilibre professionnel. Le point d'équilibre qui permettra l'entrée en zone de plaisir, est personnel et naît du chevauchement des deux zones, c'est-à-dire de l'équilibre entre l'espace professionnel et personnel.

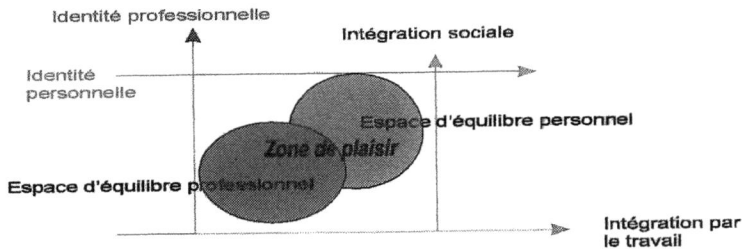

Cette zone d'équilibre et de plaisir ainsi déterminée peut être qualifiée de zone d'intégration, zone à l'intérieur de laquelle nous avons situé l'objet de notre recherche et que R.Castel définit comme « *l'association travail stable - insertion relationnelle solide* ».[59]

En suivant ces principes, nous avons pu repérer trois facteurs explicatifs formés autour d'une problématique qui se réfère à la notion de plaisir : « choisir son métier », « garder l'équilibre » et « agir pour soi, par les autres ».

---

[58] Op-cit, p 669
[59] Ibid, p 17

## B- Une inévitable imbrication du personnel et du professionnel

### 1- Choisir son métier

Pour toutes les personnes interviewées, choisir son métier est la première porte d'accès au plaisir dans leur travail. Etre assistant social est un métier qu'elles disent avoir choisi d'exercer dans un contexte de liberté d'action:

*« On a fait le choix d'un métier, on a la chance d'exercer un métier que l'on a choisit, parce que c'est un choix qu'on a fait. »* (Françoise).

Certaines d'entre elles se souviennent de s'être épanouies dès l'entrée en formation, parce qu'elles accédaient au métier qui les intéressait:

*« Quand je suis entrée à l'école d'assistantes sociales, là je suis apparue comme une « bonne élève ». Ce n'était pas trop mon habitude mais je crois vraiment que ça me plaisait quoi, ça ne me posait pas de problème de bosser. Je regarde le boulot de mémoire que j'ai fait, j'ai trouvé le sujet de mémoire dès le début de deuxième année, relativement tôt, et j'ai pris plaisir à le faire jusqu'à la fin. (…) Mais voilà, le cursus était vraiment très moyen jusqu'à ce que je fasse quelque chose qui me plaise vraiment. »* (Edith)

D'autres professionnels se sont orientés vers le métier d'assistant de service social en seconde partie de vie professionnelle. Lorsqu'il s'est concrétisé, ce métier répondait de toute évidence à des attentes dont ils ont pu prendre conscience au fil de leur parcours de vie, mais qui avait trouvé racines dans le cadre de leur éducation familiale.

#### a. Dans la vie familiale et amicale

La vie familiale et l'éducation donnée par les parents sont le berceau de l'identité personnelle, tant sur le plan psychologique que sociologique. Sa construction permet d'éclairer les relations de l'individu avec son environnement. *« Le concept d'identité est utilisé par les cliniciens pour rendre compte du sentiment de permanence et de continuité que l'individu éprouve dans ses rapports sociaux, et perd dans les cas de contraintes extrêmes. Mais, pour les situations plus courantes de relations, le concept d'identité recouvre ce champ des rapports humains où le sujet s'efforce d'opérer une synthèse entre les forces internes et les forces externes de son action, entre ce qu'il est pour lui et ce qu'il est pour les autres. S'il y a identité personnelle, c'est qu'il y a reconnaissance par les autres, mais celle-ci n'est pas obligatoirement accordée, elle s'inscrit elle-même dans un jeu de forces sociales. »* [60]

---

[60] SAINSAULIEU R., *L'identité au travail*, Presses de Sciences PO, réed. 2000, Paris, p 303

Dix professionnels sur quinze ont révélé un ancrage très fort de leur inclinaison vers cette profession au sein de leur famille, chacun y ayant puisé différemment selon sa propre histoire.

### 1. Une transmission des parents

Frédérique a été motivée par cette profession à travers le goût du contact avec les autres et le désir d'une certaine indépendance. Ces objectifs ne se réalisant pas spécifiquement au travers du métier d'assistante sociale, mais également dans d'autres professions où le besoin d'autonomie peut être satisfait, elle relie ses motivations d'être devenue assistante sociale aux valeurs qu'elle pense avoir héritées de l'éducation transmise par ses parents :

> *« La première motivation, c'est d'être autonome, d'avoir une certaine indépendance, ne pas être enfermée dans un bureau, de rencontrer des gens. Bon alors y a un tas de métiers où c'est ça aussi, bon, donc y a sûrement autre chose ! (Rires) Alors on va remonter plus loin. Mes parents sont commerçants, étaient commerçants, maintenant maman est décédée (tout bas...) Alors c'était une autre forme, le commerce, d'échange et de rencontres. Bon. Dans ce choix de rencontrer y a peut-être ça aussi. Je voyais des gens chez mes parents où il y avait des échanges, des contacts. Et peut être que mes parents m'ont appris une certaine forme d'écoute, de respect des autres, et... d'aide à leur façon. »* (Frédérique)

Marianne exprime également avoir puisé le choix de son métier dans les fondations de son éducation, comme s'il était issu d'un parcours familial tracé d'avance, une solution un peu inéluctable :

> *« En fait je pense que le milieu familial y a joué là-dedans. Mon père était instit et puis secrétaire de mairie dans un patelin donc dans un village quand t'es secrétaire de mairie tu fais tout et tout le monde vient te voir. Ma mère s'occupait de la cantine, elle l'aidait beaucoup à la mairie aussi. Elle travaillait un peu en usine avant de nous avoir, elle était un peu infirmière. Ce sont des gens très sociables qui ont vraiment le contact facile et vers qui les gens vont facilement. Donc j'ai été baignée là dedans et je pense que des trois enfants il fallait au moins bien qu'il y en ait un qui soit assistant social sûrement je pense ! C'était moi l'aînée. »* (Marianne)

Edith est consciente que son goût pour la relation aux autres lui a été transmis par ses parents, voire même plus que transmis puisqu'elle insiste sur le terme 'incitée' :

> *« Je pense qu'au niveau familial j'ai été un petit peu « incitée ». Mon père est psychologue pour enfants, ma mère infirmière libérale, et c'est vrai qu'au niveau du modèle éducatif qu'ils m'ont donné, l'aspect social et le travail avec les autres a toujours été très présent. »* (Edith)

Peut-on alors parler réellement d'un choix professionnel sachant que les différents témoignages portent à croire qu'il émane d'un certain déterminisme social ? La question est délicate. Une chose est certaine, l'influence est là mais ouvre de nombreuses voies, ce qui laisse malgré tout bien des degrés de liberté donc... de choix. D'autres points et dimensions, cette fois, peuvent aussi orienter vers cette carrière. Etudions-les.

### 2. Des difficultés familiales ou des liens d'inscription relationnelle

Parfois, la traversée d'événements douloureux au sein de la famille a participé à leur orientation professionnelle, comme un moyen de se réaliser soi-même ou de « rendre » ce que l'on a soi-même reçu :

*« J'avais entendu parler de ce métier là, ça m'intéressait quoi d'aider les autres, bon j'avais été en difficultés et je pense que c'est pour ça aussi, quand on a soi-même des événements difficiles dans sa vie, on est plus sensible. Donc moi c'est vrai que j'ai perdu mon père quand j'étais en première, c'était une période difficile de ma vie, et je me suis dit que ça pouvait m'aider et puis je sais pas, j'avais envie d'aller vers les autres, je voulais un métier avec des relations, que je ne fasse pas toujours la même chose, qu'il n'y ait pas de routine, qu'il n'y ait pas d'habitude, et puis le fait d'aller vers les autres, de rendre service, aider ça m'attirait. »*
(Béatrice)

Le contexte familial a été d'autant plus présent pour Béatrice, qu'elle a fait le choix de suivre la formation avec sa sœur :

*« Bon c'est vrai qu'il y avait ma sœur qui le passait aussi donc je me suis dit c'est peut-être ça aussi, on va le passer ensemble, on verra bien. Elle c'était un moment de sa vie où elle reprenait les études parce qu'elle avait pas de boulot donc elle avait choisi de refaire une formation, et puis moi ça m'attirait et je pense qu'elle aussi. (...) bon des fois c'était un peu pénible d'être ensemble en formation, des fois c'était un peu pesant, puis en même temps c'était aussi sympa quoi. »*(Béatrice)

Béatrice fait également référence à son éducation familiale comme un certain « déterminisme » qui l'a engagée, avec sa sœur, à exercer cette profession :

*« Il se trouve qu'on est des filles d'agriculteur, je ne sais pas si ça a une coïncidence mais il y en a beaucoup dans le métier... c'est peut-être la génération qui veut ça ? Les agriculteurs font des AS ? »* (Béatrice)

Ici, l'influence familiale semble plus prégnante. Ce métier semble plus vécu comme une évidence que comme un choix.

Sophie et Manon ont associé l'orientation vers ce métier à des rencontres avec des professionnelles, rencontres décisives comme moyen d'identification. Les observer en activité, écouter leurs anecdotes, leur ont donné envie d'exercer cette profession.

*« ce qui m'a amenée vers ce métier... je pense qu'il y a eu une voisine de mes parents que je connaissais avec qui je discutais pas mal, avec qui je m'entendais bien, qui était assistante sociale à Saint Malo, qui m'avait promenée un petit peu avec elle. Et puis ça m'avait bien plu. Des soucis familiaux, peut être un peu aussi.»* (Sophie)

Manon expose que sa rencontre avec une assistante sociale exerçant en tant que professeur lui a donné le « goût » du métier. C'est la rencontre « plaisir » et désintéressée. Mais nous avons observé que la professionnelle n'est plus en exercice en tant qu'assistante sociale au moment où elle rencontre Manon, ce statut lui confère donc une certaine distance vis à vis de son métier, contrairement à l'assistante sociale que va rencontrer Manon pour être accompagnée dans la résolution de ses difficultés personnelles. Se trouver dans la situation d'avoir besoin d'aide a fait naître son désir d'aider les autres comme un nécessaire retour des choses :

*« Je voulais faire assistante sociale mais je ne savais pas ce que c'était. (...)Pour mieux connaître la profession d'assistante sociale, il se trouve qu'à l'époque j'avais une prof de sms, une prof assez âgée, et il se trouve qu'à la base elle était assistante sociale, et elle avait toujours des petites anecdotes en cours à nous raconter et je passais beaucoup de temps avec elle. Et c'est elle qui m'a donnée un petit peu le goût de la profession. (...) j'ai été amenée à la rencontrer sur le plan personnel, pour discuter de la profession. Et il y a eu aussi pendant cette période, une période un peu difficile sur le plan financier. C'est une période où je me suis mise en ménage avec le père de mon fils, moi j'étais étudiante au CNED, je faisais du baby-sitting donc je ne gagnais pas grand chose, le père de mon fils venait de quitter l'armée et il n'avait pas droit au chômage, et il s'est retrouvé sans aucun droit, sans aucun revenu (...) et donc on s'est retrouvés à demander le RMI en couple. Et j'ai été amenée à rencontrer une assistante sociale. (...) C'est aussi je pense le fait de se retrouver dans cette situation là qui m'a donné envie de faire ce métier là.»* (Manon)

La démarche, dans ces deux cas, allie la logique familiale en terme de « soucis » ou la logique personnelle, en terme de difficultés sociales, avec des rencontres-clés qui vont déclencher... le choix. La diversité des approches ne s'arrête pas là.

## 3. Prendre le contre-pied de l'éducation familiale… ou y revenir

Deux entretiens nous permettent de faire le constat que certains professionnels exercent ce métier à contre-courant de ce que leur éducation leur avait induit, comme une sorte de revanche sur un passé familial, une orientation difficile à expliquer finalement.

Hélène nous situe l'origine de son métier en opposition à son père. L'image négative qu'il lui renvoyait sur les assistantes sociales l'a au contraire peut-être incitée dans l'idée d'aller vérifier ce que recouvrait la réalité et à prendre le contre-pied du contexte éducatif paternel :

« *Assistante sociale, avant de faire ce travail là, j'aurais jamais pu y penser spontanément parce que mon père, qui est décédé depuis très longtemps, pouvait pas les voir les assistantes sociales, il disait « de toutes façons, les assistantes sociales c'est toutes des salopes »  donc ça commençait mal. Et puis après je m'étais dit « oh et puis après tout… » Voilà quoi, j'ai fait ce métier là.* » (Hélène)

Stéphanie a cherché à ne pas suivre la voie qui lui était transmise par ses parents pour finalement les rejoindre dans leurs valeurs, incitée comme les autres personnes interviewées, à exercer un métier qui l'a en quelque sorte choisie :

« *J'ai été à l'école privée, c'est important parce que ça ne laissait pas beaucoup de place à la liberté de penser et la marginalité. Je n'ai su prendre que le contre-pied, au point que j'ai cru que je n'étais pas très normale puisque j'ai suivi la classe d'adaptation. Enfin, après tout ça, et malgré mes 1 an d'avance et mon intelligence d'après la psychologue scolaire, j'ai réussi à me rattraper aux branches et puis avec la conviction de mes parents, à aller jusqu'au bac. (…) Je voulais faire éduc. Je suis pas arrivée à l'heure au concours mais je suis arrivée à l'heure au concours d'assistante sociale que je voulais pas faire, que j'ai fait pour faire plaisir à mes parents, soi-disant. J'ai obtenu mon concours à l'école d'AS (…) Et puis après je suis rentrée à l'école d'AS, là aussi j'ai pris du plaisir, pas forcément dans les modalités de la formation, mais aussi dans le contenu de la formation. Je voulais être avocate. Tendre la main aux autres. Inconsciemment on a tous retrouvé ça, c'est par une grande loyauté je pense à l'égard de ma mère.* » (Stéphanie)

Ces deux expériences jouent encore sur les fondations familiales (opposition et opposition-retour). Le choix est donc là aussi à mettre sinon en doute du moins en discussion.

### 4. Des situations spécifiques

Francis a décidé de s'orienter vers le métier d'assistant social à plus de 30 ans, après avoir travaillé dans le domaine des transports. Ses origines familiales alliées à la conjonction de son vécu et de ses connaissances, ont abouti « fatalement » au changement de trajectoire professionnelle pour conforter son identité et lui permettre de se réaliser dans ce qu'il pressentait être, comme pour mieux reconstruire son passé :

*« J'ai fait pas mal de choses avant mais dans le transport encore si tu veux, bon c'est vrai que j'étais toujours… et puis dans la famille je suis toujours considéré comme le scribe celui qui remplissait les papiers qui se débrouillait pas trop mal pour faire les démarches tout seul, démarches administratives… et je suis dans un milieu heu, culturel, heu, culturellement assez pauvre, mais bon c'est pas jugeant, envers… c'était comme ça… comme celui qui bon savait faire, machin, puis après tout pourquoi pas…heu… je m'étais aussi documenté un peu, surtout au chômage, j'avais bouquiné un peu sur la profession c'était éduc… dans le social, la relation quoi et bon j'ai été pris comme AS et je le regrette pas, tu vois. »* (Francis)

En disant qu'il a choisi son métier, Francis présente cette décision comme une source de plaisir. Avoir le sentiment d'avoir choisi son métier est l'expression d'une part de liberté qui le place en position d'acteur de sa vie. Le plaisir qu'il en ressent est d'autant plus intense que Francis a rencontré des difficultés dans le déroulement de ses études et qu'il a travaillé dur pour l'obtention de son diplôme d'Etat :

*« Je voulais simplement dire quand c'est un travail qu'on choisit, et c'est notre cas, mon cas, on a déjà le plaisir d'avoir choisi… c'est déjà un bon truc. Même si on a ramé un peu, les études et tout… »* (Francis)

Pour Francis, il est fondamental de dire qu'il a fait ce « choix » et il l'a certainement fait en terme d'investissement de toute sa volonté. Cependant, le rôle tenu dans sa famille a poussé vers ce « choix ».

C'est également le sens de la démarche de Françoise. Les principes éducatifs de ses parents ne lui permettant pas de s'épanouir tel qu'elle en éprouvait le besoin, elle a choisi de se réorienter à l'âge adulte pour se réaliser personnellement :

*« J'avais des parents qui n'autorisaient pas forcément les filles à faire des études. Ils considéraient que les filles faisaient un certain degré d'études et n'allaient pas plus loin… moi j'ai pas pu faire d'études quand j'étais jeune. Donc j'ai été employée très vite dans le monde du travail hein. J'ai commencé à travailler en 1971. Et donc intellectuellement j'étais assez frustrée de ne pas pouvoir faire d'études parce que j'avais des capacités à les faire.*

*Et j'ai commencé à travailler, je me suis mariée, j'ai eu mes enfants, et puis c'est vrai que ça me trottait dans la tête. Et puis j'avais plutôt envie d'avoir un métier où il y avait de la relation aux autres. Et donc j'ai fait une année préparatoire parce que j'avais pas le baccalauréat, pour avoir l'équivalence, l'examen DRASS, à l'époque, et puis ben j'ai passé le concours à l'école d'AS, et puis je suis rentrée à l'école où j'ai fait mes études. »* (Françoise)

La barrière familiale, l'interdit, est puissante et peut se maintenir jusqu'à un moment (clé ? ici non posé) qui ouvre les portes à l'envie, à la nécessité, au désir, source du « choix ».

Par delà la singularité des expériences on voit donc se dégager l'idée que les personnes qui se sont engagées vers la profession d'assistant de service social ont le sentiment d'en avoir fait le choix sous influence même si le dire n'altère en rien le sentiment. Ils ont réalisé cette orientation à partir des valeurs qui leur ont été transmises dans le cadre familial, et par voie de conséquences, pour se réaliser dans leur identité personnelle. C'est ce sentiment qui devient conscience d'avoir fait ce choix qui les fait aller au travail avec plaisir. Sans toutefois relier clairement leur profession à leur passé en famille, les autres personnes interviewées ont plutôt centré leurs raisons d'avoir choisi ce métier dans ce qu'elles ont identifié en elles comme un besoin, une nécessité.

Une multitude de parcours, de socialisation, avec des constantes diverses agencées de manière différentes et reconstruites dans le discours, qui dit le « choix » comme… obligatoire pour avoir plaisir au métier et envisager le plaisir dans le métier.

### b. D'abord pour soi

#### 1. Le plaisir d'être avec les gens

Nul ne fait certainement un métier par hasard, quel qu'il soit. Catherine apprécie cette profession pour le plaisir qu'elle a d'être avec les gens, à vivre une relation dans l'échange et que chacun des interlocuteurs puisse en bénéficier :

*« Dans l'échange… et je crois que c'est un petit peu ça qui est certainement à l'origine de mon choix de profession… parce que la profession d'AS, pour moi c'est avant tout une profession, un métier relationnel, et je crois que c'est vraiment là-dessus… enfin c'est les fondements de la profession. Favoriser une relation et puis qui soit positive, qui permette à chacun de grandir quoi. Voilà. Donc c'est ça qui me fait plaisir avant tout dans la vie et puis après c'est de pouvoir et ben rire… parce que c'est important de rire… voilà… avoir du plaisir à être avec les gens. »* (Catherine)

L'autre est source de plaisir... de rire. Voilà l'argument que privilégie Catherine ; tous ne mettant pas en avant le même. Cependant là aussi existent des constantes.

### 2. Se sentir utile

Chantal, quant à elle, avait besoin de se sentir utile dans le cadre d'une relation à l'autre. Elle aurait pu être utile aux autres dans d'autres métiers, mais les fondements de la profession dans la relation, et les déterminismes de son parcours scolaire, ont été décisifs pour finaliser ce qu'elle indique être son choix presque comme si elle voulait s'en convaincre :

*« C'était l'idée toute simple de faire un métier où je pouvais être utile. Mais utile dans une relation à quelqu'un d'autre. (...) Voilà. Ça c'est sûr dans ma mémoire, après... après y a plein d'étapes, y a la vie qu'on fait soi-même, y a les gens qu'on rencontre dans le travail, mais ça s'est jamais... j'ai jamais perdu ce fil là. Enfin moi je l'ai jamais perdu de vue dans le travail que je faisais, hein, c'est-à-dire que ça a été l'orientation que je me suis donnée et dans le travail au quotidien et dans le poste que j'ai choisi, c'était toujours garder un poste où je suis en relation avec l'autre, et dans mes formations aussi, j'ai choisi ces formations parce que... c'est un choix hein ! »* (Chantal)

Le choix se conforte dans l'idée d'être utile pour l'autre, cette dernière pouvant se décliner autrement.

### 3. Le désir d'aider

Marie exprime qu'elle avait en elle le désir d'aider. Un désir d'aider les gens qu'elle replace dans le contexte de sa vie familiale et personnelle, comme si ce métier, à travers les autres, était d'abord utile voire nécessaire à celui qui l'exerce :

*« On fait cette formation-là parce qu'on a le désir d'aider, et le désir d'aider les gens c'est quand même quelque chose qu'est pas étranger à ta vie, à ton existence, à tes expériences euh... on a tous une part de souhait de réparation, tu vois ? Et on fait cette formation là, si on a pas un moment dans la formation pour regarder cet aspect-là des choses, euh... faut du soutien extérieur ou suffisamment déjà d'expérience de la vie pour être capable de faire tout seul, quoi ! »* (Marie)

D'ailleurs, donner, s'investir dans son travail est une dimension qui lui procure encore aujourd'hui un certain plaisir peut-être justement, parce qu'il lui permet de s'épanouir à titre personnel :

*« Moi le travail, y a je trouve un plaisir qui est de la même nature que le plaisir que j'éprouve en faisant du footing, (...) qui est le plaisir de s'investir dans quelque chose, de donner, tu vois, de faire de son mieux, ce plaisir là tu vois. Moi je trouve que... je l'ai souvent éprouvé dans mon travail... »* (Marie)

Pour Marie, la référence est double, chrétienne dans le désir d'aide à l'autre et fortement ancrée par ailleurs dans le travail comme valeur fondamentale tel que le décrit D. Méda dans son ouvrage : « Le travail, une valeur en voie de disparition ». D'autres approches sont également possibles.

### 4. Agir au cœur de la société

Sygrid, passionnée par les rouages de la société, a trouvé dans ce métier la possibilité d'agir sur son évolution. Sygrid est la plus jeune des personnes interviewées puisqu'elle a cinq années de métier, et elle est la seule à faire une analyse plutôt politique de son choix professionnel, contrairement aux autres assistantes sociales inscrites dans une réalisation personnelle :

*« Je voulais un travail dans le dispositif d'action sociale, dans les mécanismes de la société parce que ça me passionne aussi. Le fait de travailler avec ça, j'ai choisi d'être assistante sociale, d'être plus à même d'agir, l'envie d'avoir un boulot qui était au cœur de la société et de ses mécanismes. Moi je suis militante politique, militante associative donc je trouve qu'assistante sociale ça participe à ça aussi, être au cœur de ce qui fait la société, mais pas d'être en vitrine. Donc moi c'est pour ça que ça me plaît, je sais comment fonctionnent les choses, et j'agis avec ça et j'aime bien ça. Voilà pourquoi j'ai plus voulu faire assistante sociale plutôt qu'éducatrice par exemple. »* (Sygrid)

Le discours, ici, est politique et justifie « le choix » tout autant que les précédents, l'autre ayant une dimension différente. Mais l'échange, la relation reviennent toujours, même si le choix rêvé n'a pu s'accomplir.

### 5. Le déterminisme de la scolarité

L'idée de sélectionner par les maths pour le métier « noble » ou socialement valorisé (médecin) dans la relation à l'autre, est caractéristique de plusieurs interviews de professionnelles les plus anciennes. C'est notamment ce qu'a vécu Chantal il y a un peu plus de 30 ans :

> « *Alors c'est vrai qu'à une époque bien avant le bac j'aurai rêvé d'être soit médecin ou sage-femme, seulement à l'époque on sélectionnait par les maths et moi j'étais littéraire donc ça commençait pas bien, donc c'est vrai qu'avec un bac A à l'époque on disait, pff, ben médecine... bon c'est plus un regret aujourd'hui, ça ne l'a pas été longtemps d'ailleurs, c'est vrai qu'il fallait qu'il y ait une relation avec l'autre.* »
> (Chantal)

Le parcours scolaire est également déterminant de l'orientation professionnelle de Christine qui a la même ancienneté professionnelle que Chantal. C'est un cheminement fait de rencontres et d'intérêt pour les études, mais bloqué par la faiblesse en maths, dans lequel Christine s'est laissée glisser :

> « *Cette profession, c'est un petit peu par hasard je dirais, je me rappelle quand j'étais au lycée, j'étais interne, et la fille qui était à côté de moi en cours, voulait être assistante sociale. Je ne voyais pas trop ce que c'était et moi j'étais plus attirée par le médical. Médecine, je n'étais pas forte en maths, j'aurais bien aimé. Donc j'avais décidé d'être infirmière. J'étais sur Lyon à l'époque. C'était trop tard pour les inscriptions, si bien que je me suis retrouvée sur Grenoble, dans une école privée qui faisait infirmière et AS en même temps. Et à l'époque, la première année était mixte, on faisait ensemble infirmière et AS. Donc moi j'ai continué infirmière et j'avais donc des collègues qui faisaient AS et puis on discutait et quand je voyais leur programme, je me disais que ça avait l'air sympa. Donc je m'étais dit, mais le médical me plaisait toujours beaucoup, je faisais ça très facilement, donc une fois que j'ai passé le diplôme d'infirmière, je vais quand même faire les études d'AS parce que c'est intéressant. Puis après ben je vais voir. J'avais quand même dans mon idée qu'AS c'était un plus de retourner sur le médical parce que l'hospitalier me plaisait, j'aimais bien. Et puis ben j'ai fait les études d'AS et puis après ben je suis restée AS, finalement !* » (Christine)

Cependant, le témoignage de Béatrice marque une évolution dans cette forme de sélection puisque quelques années après Chantal et Christine, le fait qu'elle soit bonne en maths l'a au contraire avantagée dans son parcours scolaire :

> « *J'ai eu mon bac à 17 ans, un bac économique et social, sans redoublement. J'étais pas forcément une très bonne élève, mais j'ai eu mon bac du premier coup. J'ai eu la chance d'être bonne en maths donc comme il y avait un fort coefficient ça m'a beaucoup aidée.* » (Béatrice)

Choisir son métier, le premier facteur qui se voulait explicatif du plaisir dans le travail chez les assistantes sociales à partir de ce qu'elles considéraient être comme un choix professionnel et qu'elles affirment avec conviction, ne peut être envisagé comme un choix réel à partir du moment où elles sont conditionnées par leur histoire, leur éducation familiale ou leur scolarité.

Nous devrions plutôt considérer qu'elles vont fatalement vers ce métier parce qu'il leur permet de se réaliser et de construire leur identité personnelle et par-là même d'y trouver un équilibre personnel et du plaisir. *« Il est évident que l'individu adulte est largement constitué par un grand nombre d'identifications présentes et passées dont il n'est pas conscient, et qui vont orienter fortement le destin de ses relations. Mais il est également important d'admettre que sa position sociale présente, et probablement aussi celle de son enfance, offrent des occasions non seulement de conflits, mais aussi de ressources de pouvoir donnant le moyen de vaincre dans la relation et d'imposer sa différence. »*[61]

En effet, c'est l'exercice de ce métier qui leur permettra de passer de la satisfaction d'un besoin inhérent à la construction de leur identité, au désir de rendre aux autres et de transmettre, et de faire ainsi naître le plaisir. Autant de parcours et de justifications qui, malgré les trajectoires individuelles, se rejoignent pour accéder, construire, conserver, aménager quelque chose sans laquelle il n'y a pas de plaisir : l'équilibre.

2- Garder l'équilibre

Pour préserver son équilibre personnel, l'assistante sociale, comme tout individu, va s'orienter naturellement vers ce qui lui procure un certain plaisir. Les entretiens avec Françoise, Edith, Manon, Béatrice, Hélène, Francis, Chantal, ont mis en avant l'importance de veiller à préserver une alchimie entre le domaine familial et le domaine professionnel, parce que l'écoute des autres dans le cadre professionnel nécessite d'être disponible à titre personnel :

*« J'aime beaucoup mon travail, mais je tiens aussi à conserver mon équilibre familial et personnel. Je suis un tout, je suis un être humain, mon travail est important et j'y vais avec beaucoup de plaisir, j'y prends beaucoup de plaisir mais je me suis fixée cette limite-là, il est hors de question qu'il empiète sur mes autres champs. A la fois au niveau de mon fils et de mon équilibre familial, et à la fois au niveau de mon plaisir personnel. Parce que c'est important pour moi. Et puis parce que ça fait partie de mon équilibre. Si moi-même j'arrive pas à me ressourcer au sein de ma famille, ou tout simplement par le biais de mes loisirs, le sport (…) je vais perdre mon équilibre personnel et c'est un travail où on a besoin d'être forte et d'avoir un équilibre personnel. Cet équilibre là je l'imagine comme un fil et ce fil là on peut vite le perdre. Et si on le perd je dirais que c'est un boulot où on n'est plus compétente. Si on perd soi-même son équilibre, on ne peut plus à la fois être disponible pour les gens, à l'écoute etc. je dirais que là on fait du mauvais boulot. »*
(Manon)

---

[61] Ibid p 332

Ou aussi pour ne pas que le travail vienne déséquilibrer la vie de famille :

*« J'ai changé de travail pour ma famille. Au départ, si je suis passée en scolaire, c'était pour avoir plus de temps pour mes enfants. Au départ c'était vraiment pour une meilleure qualité de vie pour mes enfants, pour être plus souvent avec eux. C'était vraiment un choix par rapport à ça. (…) Mais c'est vrai que j'ai fait des choix, c'est vrai que je mets en avant ma famille d'abord. Et c'est vrai que le travail ne passe pas en premier. »* (Béatrice)

C'est une « gymnastique » qui n'est pas toujours simple à réaliser, à chacun de trouver ses « outils » ou plutôt des règles, pour aménager les choses au mieux.

### a. Ne pas mélanger

Tout en récusant l'emploi du mot « don », Edith a inscrit une partie d'elle-même dans son travail. Elle s'y investit. Elle ne souhaite pas parler de don parce que cela voudrait dire qu'elle s'y donne sans restriction. Dans l'exercice de son métier, Edith sait qu'elle doit trouver le point d'équilibre entre ce qu'elle donne au travail et ce qu'elle garde pour sa vie personnelle. Aussi, pour se préserver elle-même, elle va veiller à ne pas mélanger les deux registres, au risque que la communication entre les deux niveaux soit « parasitée » :

*« C'est quand même un travail, sans aller jusqu'au don de soi, qui me paraît un petit peu fort comme terme, qui nécessite d'être disponible un minimum. Et si on ne l'est pas pour soi parce que qu'on est parasité par plein de choses à titre familial, si y a pas cet équilibre là, je pense que c'est difficile de pouvoir… parce que malgré tout, sans supporter les problèmes des gens qu'on rencontre, on en entend, on en entend, et je pense que si ça se cumule et qu'on fait l'amalgame entre ses problèmes personnels et les problèmes professionnels, y a un moment où on tient plus. Y a un moment où on pète un plomb. »* (Edith)

Son équilibre personnel tient avant tout à la stabilité de sa vie familiale ; si cet aspect venait à faillir, c'est sa relation à l'autre et l'écoute qu'elle en a qui risquerait d'en être modifiée, sauf au prix d'un investissement personnel supplémentaire :

*« Je pense que si je n'ai pas cette stabilité à titre familial, j'aurais du mal à essayer, même si je pense que j'y arriverais, à essayer de partir d'une neutralité mais il faut un équilibre pour pouvoir aider des gens et construire des choses avec des personnes. »*

Le risque de trop s'investir dans la vie professionnelle est de donner toute son énergie au travail, et de ne plus en avoir pour la maison. Alors il n'y a plus de plaisir ni dans la famille ni au bureau. Sophie a connu cet investissement qui l'entraînait à vivre dans l'excès, à être « dopée » ou être « vidée » et reste vigilante dans le point d'équilibre à ne pas dépasser :

> « *J'ai l'impression que je prenais sur moi, justement, dans la journée, pour justement avoir la pêche, tu sais, comme quand t'es dopée, et puis de rentrer le soir et puis d'être vidée et puis fallait pas m'emmerder ! Bon ça, il y a un seuil à ne pas franchir, hein ! Faut faire gaffe pour la famille, ils sont pas responsables de ce que tu as vécu dans ta journée. Pour ça le mi-temps c'est bien. Je me ressource. Des fois j'ai eu du mal à trouver mon compte, j'avais l'impression d'être ni au boulot, ni chez moi. En plus ça me ramenait à des tâches ménagères à la maison, je me disais que j'allais reprendre à temps plein… je vais prendre une femme de ménage, je vais moins gueuler à la maison pour qu'ils enlèvent leurs pompes pour rentrer ! Bon ben c'est pareil t'as à trouver à la maison un équilibre de plaisir.*» (Sophie)

### b. Réussir à cloisonner famille et boulot

Françoise tient à préserver à la fois sa vie familiale et sa vie professionnelle, aussi dit-elle veiller à leur équilibre sans chercher à privilégier l'une par rapport à l'autre mais tente malgré tout de maîtriser plutôt l'aspect professionnel pour préserver sa vie personnelle, pour que sa vie personnelle ne soit pas « mangée » :

> « *On a à côté une vie personnelle, on ne privilégie pas l'un par rapport à l'autre, moi j'équilibre hein. Moi je ne veux pas que ma vie personnelle soit mangée parce que ben d'abord on a des rappels à l'ordre hein, quand même, hein ? Et puis c'est pas le sens de la vie, hein. On a la chance de faire un métier qui nous plaît, on gagne sa vie. La vie on la gagne faut qu'à côté on ait une vie personnelle hein.* » (Françoise)

Francis dit être imperturbable dans le cloisonnement entre vie privée et vie professionnelle. Sa sensibilité masculine y serait-elle pour quelque chose ?

> « *Alors moi je suis, je suis très très cloisonné, y peut se passer pas mal de choses vie privée, j'veux dire, quand j'suis en face l'usager, c'est plus Francis…, c'est Francis D…assistant social de l'IME, même si c'est de la famille, de la famille pour telle raison, j'suis cloisonné moi machin.(…) c'est vrai on a tous nos difficultés, j'veux dire, au niveau personnel, on peut bien se lever de mauvais poil, s'engueuler avec le conjoint… ça peut arriver mais j'mets ça de côté…* » (Francis)

Avoir une famille a modifié le comportement d'Hélène sur la question de l'équilibre entre sa vie familiale et sa vie professionnelle, dans le but premier de protéger sa famille :

> *« Sinon, au niveau de ma famille, j'ai toujours essayé, sauf quand j'étais célibataire, mais depuis que j'ai une famille, j'ai des principes ! J'ai pour principe par exemple, de ne jamais mélanger les deux. Je pense que c'est un peu pour protéger la famille, c'est vrai que quand je parle de mon travail c'est plus par rapport à ce qui m'énerve ou quand je me suis frittée avec quelqu'un, ou que quelque chose m'a amusée que par rapport à mon travail lui-même. Je ramène jamais rien à la maison comme travail, ça c'est un principe de base que j'ai toujours eu. »* (Hélène)

Béatrice veille à ne pas se donner d'occasions que la vie professionnelle ne vienne à la rencontre de la vie personnelle, tant dans la localisation de son lieu de travail que dans ses relations :

> *« J'essaie vraiment de cloisonner les choses, c'est d'ailleurs pour ça que je n'ai pas voulu travailler où j'habitais, parce que je trouve que c'est important (…) mais je ne me voyais pas aller dans un collège où étaient mes enfants. J'essaie de bien cloisonner les choses, pour éviter au maximum… pareil au niveau contact perso avec le personnel c'est très faible. C'est vrai que j'ai très peu de relations avec mes collègues en dehors du boulot parce que j'aime bien pouvoir limiter. Je trouve qu'il y a le côté professionnel, bon si je croise un élève bien sûr je vais lui dire bonjour, je ne vais pas lui tourner la tête, mais j'essaie d'éviter au maximum de mélanger. Et la famille j'essaie de… bon des fois le soir je rentre et je dis ' oh la la, tiens je suis intervenue dans une classe, il y a une élève qui a été infecte.' Bon on parle de deux ou trois trucs mais c'est vrai que ça reste vraiment succinct. »* (Béatrice)

Globalement, les témoignages montrent ici une volonté de construire un équilibre avec des degrés de clivage malgré tout très concrets.

### c. Une démarche différente

Stéphanie a une toute autre approche du lien « vie privée / travail ». Elle considère en effet que les deux niveaux sont imbriqués, mais que tout va se jouer en elle, avec des repères similaires entre son comportement privé et professionnel, mais aussi des moments où sa vie professionnelle, sa formation, vont l'aider à dépasser des difficultés personnelles. Stéphanie ne va pas chercher à cloisonner ni à distinguer le niveau professionnel de la sphère privée. Bien au contraire, elle va l'utiliser pour son bien-être et son équilibre personnel :

> *« La vie personnelle, professionnelle, tout est imbriqué. C'est à dire que je peux avoir plein de concepts dans ma vie personnelle, qui vont être des ambivalences complètes dans ma vie professionnelle. Les trucs qui vont de pair, ben quand je commence une enquête j'aime bien la finir, c'est comme dans la vie quand j'ai un projet. Au niveau des idées ça peut fluctuer, mais la démarche est forcément la même. C'est ça le repère aussi bien dans le professionnel que le privé.*

*Ce qui peut changer parfois c'est les registres d'émotion. Hormis la colère que je ne sais pas encore assez maîtriser. Je trouve ça vachement important parce que moi dans ma vie personnelle, j'ai une famille où on pleure pas, on dit pas beaucoup qu'on s'aime. J'ai eu du mal à dépasser tous ces trucs là hein. Alors tu vois quand je dis à une famille « je vous sens tendue » ou « vous cherchez à me faire peur », ça marche ou ça ne marche pas, en fait c'est la formation qui m'a aidée à dépasser tout ça. Et ça me semble plus simple de le dire dans ce cadre là professionnel, que dans le cadre privé c'est encore très difficile ce qui est de l'ordre d'exprimer du sentiment. Je vais l'exprimer, mais surtout pas à tout le monde. Tu vois c'est plus simple dans le professionnel parce que je pense qu'il y a de la distance. Je sais que je parle bien dans le registre professionnel, je maîtrise ce que je dis et pourquoi je le dis, à quel moment, alors que dans la vie privée, si je devais m'ouvrir de la même façon... »*(Stéphanie)

La démarche d'imbrication est liée à l'identité personnelle et à sa construction. Elle est spécifique et tend à montrer la fragilité de cet équilibre, socle du plaisir. Pour illustrer la mouvance de cet équilibre, R.Castel nous précise *«qu'il s'agit moins de placer des individus dans ces « zones » que d'éclairer le processus qui les font transiter de l'une à l'autre (...) Il faudrait réinscrire les déficits dans des trajectoires, renvoyer à des dynamiques plus larges, être attentif aux points de bascule qui génèrent les états limites. Rechercher le rapport entre la situation où l'on est et celle d'où l'on vient, ne pas autonomiser les situations extrêmes, mais lier ce qui se passe aux périphéries et ce qui arrive en amont. »*[62] Car le moindre écart coûte.

### d. Des perturbations vers le déplaisir

Il est certain que l'équilibre n'arrive pas toujours à se jouer avec équité et que pour certains professionnels, leur métier au service des autres a pu perturber la vie de famille à un moment donné et gâcher le plaisir éprouvé dans l'une ou l'autre partie :

*« Bon j'ai souvent entendu des réflexions du genre 'eh ben t'es toujours la dernière maman à venir à la garderie ' ou bien ' pourquoi tu viens jamais aux excursions, les autres mamans elles viennent.' Enfin bon des choses que renvoient les enfants qui ont une maman qui travaille. Mais c'est vrai que la différence peut-être avec un emploi de bureau où on sait à quelle heure on commence et où on peut savoir à peu près à quelle heure on finit, moi je savais toujours à quelle heure je commençais ça c'était clair puisque c'était une fois que je les avais mis à l'école ou chez la nourrice, mais je savais pas toujours à quelle heure je finissais.*

---

[62] Op-cit, p 19-20

*C'est vrai qu'ils ne l'ont pas toujours très bien vécu en tous cas dans leur toute petite enfance. Comme ils l'exprimaient et que je n'avais pas de pudeur à leur dire ' ben oui, tu sais, enfin je suis en retard parce que j'étais avec une maman qui est malade et il fallait trouver une nourrice pour ses petits', par exemple. Donc quand on explique, les enfants ils comprennent bien. Un petit peu d'amertume, ceci dit quand je les vois aujourd'hui, je les trouve suffisamment épanouis pour imaginer que c'est pas mon travail qui les a empêchés d'évoluer. »* (Chantal)

Pour Christine, malgré tout, la vie familiale ne sort pas totalement indemne de ce métier et de l'investissement personnel donné au travail :

*« C'est vrai que j'avais des horaires souvent... c'était intéressant, passionnant, mais des horaires parfois assez élastiques, et dans ma vie familiale, des fois on m'a reproché effectivement de ne pas être assez disponible, et puis surtout d'être un peu fatiguée, stressée, c'est vrai qu'arrivée au moment des vacances, j'étais un petit peu sur les genoux. Alors qu'avant en secteur, non, en général même si ma fille m'en a toujours voulu par rapport à mon travail et qu'elle aurait peut-être voulu que je travaille un peu moins, en secteur je faisais mes heures. Mais je crois que en effet, on en a reparlé plusieurs fois, elle a toujours senti une certaine rivalité (...) Pour elle, mon travail ça a toujours été quelque chose qui lui prenait un peu sa mère quoi, c'est toujours ce qu'elle m'a dit. (...) mais c'est vrai qu'ici, les premières années, j'étais quand même peu disponible à côté quoi. »* (Christine)

Avec beaucoup d'humour, Sophie n'a pas pu résister au cours de l'entretien, à illustrer son propos de l'anecdote de son anniversaire de mariage, gâché par le stress du travail :

*« J'ai vu avoir des gros moments de stress au boulot avec des situations de protection de l'enfance, où tu rentres le soir, ben effectivement j'avais pas l'impression d'être disponible avec la famille parce que j'avais trop ça en tête. Je me rappelle notamment quand j'ai changé de poste, que j'ai pris le poste d'adjointe au RC, il y a eu un placement peu de temps après, et on avait nos 10 ans de mariage avec mon mari, ça a tout foutu en l'air, ça c'est clair ! Je suis partie le vendredi soir à Deauville, je n'étais pas du tout libre dans ma tête. Déjà on est partis trois heures plus tard qu'il aurait fallu, on est arrivés en retard dans la chambre d'hôte, je me suis pris une cuite de première dans le resto (rires) pour oublier... ça avait été l'horreur ! J'étais après complètement claquée pendant deux jours, dis donc super l'anniversaire de mariage ! Merci le boulot ! Il y a des fois c'est quand même lourd et difficile quoi. »* (Sophie)

Mais c'est difficile de mettre des limites, des frontières, quand il n'y pas non plus de frontières de lieu entre la vie familiale et la vie professionnelle. La maison et le bureau sont totalement imbriqués l'un dans l'autre :

*« Là tu vois, je suis vraiment dans la confusion du temps, comme je travaille à la maison, c'est assez compliqué.*

*Je m'autorise à aller chercher les enfants à 5h et pas à 4h, l'heure à laquelle ils terminent, parce que je me dis non, tu vas pas avoir le temps de bosser si tu vas les chercher à 4h, l'après-midi est vite passée quand je travaillais en établissement c'était simple. Quand j'étais à la maison, j'étais à la maison, quand j'étais au travail, j'étais au travail. Maintenant heu... donc je travaillais à environ 80% du temps de travail, donc, j'avais 80% d'une semaine de travail consacrée heu... au travail ! Et je suis beaucoup partie en stage et tout ça sur les week-ends, sur des semaines entières, mais quand je suis pas là j'étais pas là, quand je suis là j'étais pour la famille, maintenant c'est beaucoup plus difficile, quand je suis là je suis heu... pas toujours disponible et c'est confus pour les enfants et ils râlent... »*
(Marie)

L'ensemble des exemples est ici orienté vers les perturbations dans la sphère privée. La vie professionnelle déséquilibre la vie privée mais l'inverse est aussi vrai. L'équilibre en question est une dynamique.

e. Exprimer ses émotions

L'équilibre professionnel se vit également à l'égard de soi-même et de ses propres émotions. Dans le quotidien des situations rencontrées et des relations qui se nouent, être travailleur social c'est aussi être humain, c'est se dévoiler, c'est faire apparaître la personne qui vit derrière le professionnel. Là encore, la frontière entre le personnel et le professionnel est floue. Plusieurs personnes interviewées l'affirment, la neutralité théorique de l'assistante sociale cède souvent sa place à l'expression des émotions :

*« On peut pas rester impassibles. Y a des moments où on a des coups de gueule, on a des coups de... on a les larmes aux yeux, on a des éclats de rire, on peut pas non plus... je crois qu'on doit... on doit montrer qu'on est solides, pour aider les gens qui se raccrochent à vous dans certaines circonstances, mais je pense qu'ils sentent la sensibilité, qu'on est une personne, sinon ça passe pas non plus, ça peut pas passer... on n'est pas des mécaniques, on n'est pas des machines. On n'est pas justement une personne à donner trois sous, à dire oui à tout, à dire « mon bon monsieur... oui je vous ai compris... » C'est pas ça non plus. Oui, on n'est pas des machines, heureusement, donc il apparaît forcément des choses. J'crois qu'il faut qu'on, je crois qu'il faut être professionnelle, solide dans le sens efficace, technique, parce que ça... pour tenir la route, pour nous aider et nous protéger aussi, mais si y a que ça, ça marche pas. Si y a que ça, on entend : « les assistantes sociales, oh pfff »* (Frédérique)

L'expression des émotions éprouvées dans une relation duelle n'est pas un signe de déséquilibre sur le plan professionnel à partir du moment où la professionnelle va « travailler » sur ses émotions, où elle va analyser et rechercher les motifs de ses émotions pour en faire « quelque chose », c'est-à-dire pour modifier éventuellement son comportement professionnel et retrouver des émotions positives :

> « C'que voulais juste dire, c'est que je pense que les émotions qui te traversent elles sont à prendre en compte et on a besoin... c'est pour ça je trouve que ça manque dans la formation... on a besoin d'outils, d'outils de rationalisation, de moyens de nous observer, de nous comprendre, de comprendre d'où ça vient, pour pouvoir en faire quelque chose. Parce que le simple refoulement est totalement inefficace voire dangereux. Je le pense pour la peur comme pour tous les autres sentiments. »
(Marie)

C'est également ce que partage Sophie. Mais tenir compte de ses émotions signifie aussi être un peu dans le système D et le bricolage, parce que les professionnels, embarrassés par leurs émotions, ne savent pas toujours quoi en faire... en tous cas les émotions renvoient toujours à ce que l'on est et ce que l'on donne dans une relation :

> « Je ne pourrais pas travailler sans mes émotions, tu fais avec tes tripes. Ça fait partie du système D et puis ça t'aide à avancer et puis tes émotions, faut pas s'arrêter à un constat des émotions « ça me plaît, ça me plaît pas. Je l'aime pas. » tu vois ? C'est plutôt pourquoi ? Qu'est-ce qu'il y a derrière ? Qu'est-ce que ça me renvoie à moi ? Peut-être qu'il y a un problème psy chez l'autre ? Peut-être chez moi aussi ? (Rires) on va dire plutôt chez l'autre... (Rires) qu'est-ce qui déconne dans la relation quoi ? Mais tu fais avec ce que tu es, oui. T'y mets de toi, t'es obligée. »
(Sophie)

Son propre équilibre, l'équilibre dans la vie privée sont essentiels. Mais l'analyse de son parcours professionnel peut être également un outil de régulation de ses émotions. Réguler ses émotions peut être certes utile au professionnel pour comprendre son fonctionnement et adapter son comportement, mais pour Catherine, cette analyse doit également pouvoir servir à franchir les limites des émotions et à aller beaucoup plus loin dans la relation avec les gens et ainsi y éprouver un réel plaisir. Et finalement, trouver du plaisir dans son travail serait le résultat d'un long apprentissage :

> « J'ai des souvenirs en étant jeune professionnelle où le fait d'avoir cette responsabilité finalement très lourde, parce que c'est une sacré responsabilité d'être travailleur social, et on doit assumer quand même un certain nombre de choses très lourdes. Donc je pense que quand on sort de formation, enfin, je parle pour moi en tous cas c'était mon cas, mais je pense que j'étais assez rigide par nécessité, dans la mesure où au nom de cette neutralité affective qu'on dispense et dont on parle et qui est mal digérée finalement par les étudiants, on s'imagine qu'on ne peut pas s'autoriser à éprouver des sentiments, des réactions et qu'il faut être blindé devant les gens.

*Et puis parce que on dit que de pleurer ou de rire, enfin d'éprouver des sentiments face aux gens, c'est pas professionnel, on n'est pas dans une relation professionnelle et donc il faut pas quoi... et ça je pense qu'au début que j'exerçais, j'étais convaincue de ça donc je m'interdisais complètement de laisser libre cours à mes émotions, je les refoulais certainement. Alors c'est vrai qu'avec l'expérience et puis aussi un travail sur moi, j'ai pu aller certainement beaucoup plus loin dans la relation avec les usagers, en acceptant, en identifiant déjà ce qui moi pouvait me gêner, ou me plaire ou autre, et en me les appropriant, en me les gardant pour moi, mais heu... finalement à ce que ça devienne plus une barrière quoi... dans la relation avec les gens... et je crois que ça c'est important et à partir de là c'est plus un problème non plus de dire aux gens et de faire part de ses réactions aussi à un moment donné. Mais je pense certainement, y a beaucoup de situations comme ça où de soi-même, le travailleur social verrouille parce qu'il y a des choses qu'il a pas envie d'entendre, parce qu'il va avoir peur ou de les entendre ou parce que ça va aller le déranger là où il a pas envie d'aller et du coup les gens le sentent bien et vont pas plus loin... et c'est dommage. »* (Catherine)

L'entretien avec Chantal confirmerait que l'expression des émotions est la condition incontournable à la naissance d'une relation, mais qu'il s'agit bien là du fruit de l'apprentissage, lié à l'expérience professionnelle. Les élèves assistantes sociales ont donc tout à apprendre de l'expression des émotions sur leur lieu de stage :

*« Parce que dans une relation si on ne peut pas exprimer ce qu'on éprouve, comment voulez-vous que la relation naisse ? (...) la neutralité d'accord, mais ça n'implique pas une neutralité dans les émotions. Ça n'implique pas de rester de marbre et en tous cas de ne rien exprimer. Ne pas avoir d'émotions, ça existe au niveau mental, des maladies comme ça. Il n'y a personne qui n'exprime rien et en tous cas qui n'éprouve rien. Ça n'existe pas ça, on éprouve toujours quelque chose. Donc pourquoi (les stagiaires) ont –elles autant de mal à l'exprimer ? Et puis dans l'exercice de leur profession, elles seront confrontées à des situations de maltraitance par exemple, elles en seront certainement émotionnées ? Qu'en feront-elles ? Il faut apprendre à travailler sur ses émotions. »* (Chantal)

En fin de compte, le plaisir dans le travail se mérite, se gagne à petits coups de modification de l'équilibre via l'expérience qui peut se transmettre mais qui est toujours personnelle.

Francis qui a mis en œuvre le clivage entre sa vie familiale et professionnelle, pour préserver son équilibre personnel, poursuit la même démarche sur le plan émotionnel et transmet ce « savoir-faire » aux stagiaires qu'il accueille :

*« J'ai déjà eu une stagiaire, elle commençait à fondre en larmes parce que son grand père ben malheureusement était décédé, quelques mois avant.*

*Elle y repensait de temps en temps, j'ai pas dit « ma pauvre chérie » ben non, non... En fait j'fais sympa, mais j'suis pas si sympa qu'ça... ben j'dis non t'as pas, non, non là, t'es pas professionnelle...»* (Francis)

En fait, exprimer ses émotions, c'est également pouvoir éclater de rire et transformer le tragique d'une situation. Ce sont parfois des moments privilégiés partagés au sein d'une équipe de travail où la relation à l'autre (ici d'autres professionnels) est à nouveau présente :

*« Même entre collègues on est obligés parfois de tourner certaines situations en dérision et t'as un grand éclat de rire parce que c'est hyper dramatique quoi. C'est pas possible autrement, et si tu n'arrives pas à un moment donné à exorciser un petit peu par le rire, ben moi je crois que je pourrais pas quoi ! Je trouve que c'est salvateur quoi ! »* (Marianne)

Mais ce sont aussi des moments essentiels partagés avec les gens, qui font partie de la relation et de l'échange, de l'équilibre, du plaisir :

*« Pour moi c'est vraiment nécessaire, dans mon boulot, il faut que j'arrive aussi à rire avec les gens quoi. Parce qu'ils pleurent tellement souvent, c'est vrai qu'ils ont tellement de motifs de pleurer à travers tout ce qu'ils te racontent et qu'ils vivent que si tu peux leur donner l'occasion d'en rire à un moment donné c'est toujours ça de gagné, je trouve. »* (Marianne)

Pour Sophie, avoir de l'humour est un trait de sa personnalité, mais c'est également un outil nécessaire pour établir la relation à l'autre, pour mettre à l'aise la personne qui vient demander de l'aide, et le professionnel lui-même. C'est un élément de la relation qui renvoie forcément du positif et un certain bien-être :

*« J'aime autant avoir de l'humour dans le boulot quoi. Donc heu... s'il est bien placé évidemment, oh oui, oui, faisons de l'humour, surtout dans les boulots un peu stressants. D'abord ça détend une relation en général, donc après t'es plus à l'aise pour échanger, ça peut détendre l'autre et ça peut te détendre toi-même. Moi je pense que ça fait passer beaucoup de choses. Et puis avec les usagers je me souviens avoir fait de l'humour, où eux aussi étaient plus à l'aise et après on pouvait aller plus loin quoi. C'est des petits trucs au quotidien, je ne sais plus... sur des façons d'être habillé, ou d'avoir fait attention dans une journée à bien se tenir ou avoir mis la gomina donc on faisait de l'humour autour de ça « ben dis donc vous avez essayé de séduire quelqu'un là ou quoi ? » tu le prends comme ça et en même temps c'est flatteur, la personne elle a vu que tu avais vu qu'il avait fait un effort vestimentaire, plutôt que de lui dire froidement « c'est bien ! Vous êtes bien habillé aujourd'hui, c'est ce qu'il fallait pour un entretien » bon ben c'est plus : « oh une petite chemisette à fleurs, ça change tout ! On se croirait aux Bahamas...» donc tu vois ? Des petits trucs comme ça quoi... »* (Marianne)

Utiliser l'humour avec les interlocuteurs du service social, c'est les aider à passer des larmes au rire, c'est retrouver un équilibre qui faisait défaut et c'est éprouver du plaisir dans une relation professionnelle :

*« J'ai souvenir d'une étudiante qui est en difficulté et heu... je l'ai vue deux trois fois cette année, elle pleurait tout le temps... et elle me dit « je ne vais plus revenir vous voir parce que chaque fois je viens et je pleure » alors je lui dit, « oui, mais bon en même temps vous vous y autorisez et c'est important... et ce que je vous propose la prochaine fois, quand vous reviendrez on rira ensemble. » Et elle est venue, on a ri ! Et je pense que c'était important de pouvoir rééquilibrer, c'est vrai qu'elle avait traversé un moment difficile, où moi je lui avais dit aussi des choses qu'étaient pas heu... forcément agréables à entendre non plus pour elle, difficiles... et ça a été drôlement bien ça. »* (Catherine)

L'usage de l'humour, selon ce qu'exprime Edith, est très valorisant tant pour le professionnel qui donne de lui une image « humaine », que pour l'usager du service social qui se sent en confiance :

*« L'humour est quelque chose que j'utilise. Je pense que ça donne une autre image de la personne que les gens ont en face chez eux ou dans le bureau, et puis pourquoi on s'en priverait parce qu'après tout, c'est une arme comme une autre, un outil comme un autre, et puis ça permet de faire passer vraiment des choses plus facilement. J'avoue que je suis vraiment dans la rigolade avec certains, c'est mon habitude en plus, de nature je suis plutôt comme ça, donc j'utilise aussi, beaucoup. Ça peut surprendre mais c'est vrai que j'utilise beaucoup. »* (Edith)

Utiliser l'humour a permis à Edith de créer de nouveaux liens avec certaines personnes de son secteur. La relation prend alors tout son sens dans l'échange qui se tisse entre les deux interlocuteurs :

*« C'est beaucoup plus facile à utiliser que de rester rigide et ça passe mieux quand même, tant qu'à faire... et puis les gens ils ont vachement d'humour donc c'est dommage de pas l'utiliser, et puis avec certaines personnes, je me suis rendu compte, j'ai un monsieur très très désocialisé qui a au fond beaucoup d'humour et si j'étais pas passée par cette partie humour, il serait resté vachement bloqué. Quand je le convoquais il ne disait rien ce monsieur, il fallait que j'aille le chercher, maintenant moins, il est un peu plus spontané, et on rigole de certaines choses, alors même si c'est pas des sujets graves de la vie, et que ça résoudra pas tout de la situation du monsieur, au moins c'est une forme de communication et puis c'est signe qu'il ne va pas si mal que ça. C'est plutôt bon signe quoi. Moi j'aime bien utiliser l'humour, ça j'avoue que je l'utilise assez fréquemment et je trouve ça très bien. »* (Edith)

L'humour peut également être utilisé dans le registre de la loi. L'humour qui naît d'une situation poussée à l'exagération, comme dans le cadre d'une représentation théâtrale, aide à démontrer la nécessité de changer de comportement sans utiliser de grands discours incompréhensibles :

*« Moi quand j'arrive en enquête juge des enfants c'est qu'il y a placement, si je ne montre pas un minimum de sympathie, d'attention et d'écoute, je suis pas sûre que j'ai les renseignements en repartant. Si j'arrive complètement figée, ce n'est pas la peine. Ça m'arrive aussi d'éclater de rire aussi. Quand j'ai un jeune en réparation, qui rentre dans mon bureau en s'asseyant, la casquette à l'envers, sans dire bonjour... je fais pareil... « Alors, est-ce que t'as compris ? Oui ? Alors tu ressors et tu recommences ton entrée » ça éclate de rire, les parents et le jeune pas content il refait son entrée. Ça finit souvent par des séances de rire et j'en fais de plus en plus. »* (Stéphanie)

Jouer de ce qu'on est et de ce qu'on apprend aide à la relation et à l'équilibre. Pour ces assistantes sociales, l'humour a cette faculté formidable de les libérer et d'améliorer l'échange... ce qui ne peut que favoriser le plaisir et permettre la maîtrise des émotions sans pour autant en nier l'existence. D'autres moyens existent aussi.

f. Maîtriser ses émotions

Il va donc être nécessaire d'être attentif à soi-même, de tenir compte de ses émotions pour ne pas se laisser envahir, de prendre une certaine distance par rapport à soi. Il va falloir apprendre à les maîtriser pour rester dans une relation professionnelle, ou plutôt « garder la bonne distance » avec les gens accompagnés, selon le jargon de la profession. C'est trouver l'équilibre, la juste mesure, entre « donner et garder », entre « exprimer et maîtriser. »

Parler de ses émotions et ce qu'elle ressent en général, est un outil très prisé par Sygrid, qui permet d'avancer dans la relation. Sygrid reste sur le plan professionnel parce qu'elle va maîtriser ce qu'elle va exprimer :

*« Pour moi c'est un outil de dire effectivement, je suis troublée, je suis émue. Par exemple, avec un malade alcoolique c'est un truc que je fais souvent, quelqu'un qui est dans le déni, qui sent visiblement l'alcool, et moi je dis « voilà, vous êtes alcoolisé monsieur », en général on me répond : « pas du tout, j'ai pas bu etc. » et moi je dis toujours, « écoutez moi je respecte le fait que vous ne voulez pas en parler, mais respectez aussi le fait que moi je trouve important de vous en parler, pour moi c'est important de vous dire ce que je pense de vous. » moi je trouve que ça aide une relation à être plus authentique quoi. Evidemment je maîtrise ce que je vais dire, mais je trouve que c'est important. »* (Sygrid)

Pour Marianne, il est vraiment difficile de maîtriser toutes les émotions induites par les relations vécues dans la vie professionnelle. Elle analyse son métier comme un métier d'ajustement perpétuel pour trouver l'équilibre :

« T'as des situations où t'as les larmes qui t'arrivent aux yeux, ça c'est clair... t'as un gamin en fin de vie, même une mère de famille, ou des situations de gens mais vraiment... pffff... complètement mal... t'as du mal, t'essaies de gérer au maximum quoi... mais y a des moments où c'est limite, où c'est vraiment difficile quoi. Mais en même temps, je me suis aperçue sans... tu ne vas pas non plus t'épancher avec les gens, par contre je leur raconte jamais ce que ça me renvoie... mais de poser ma main sur le bras d'une personne, de lui dire « ben je ça me touche beaucoup ce que vous me dites-là, je sens que j'ai les larmes aux yeux de ce que vous me dites », c'est vrai que je m'y suis autorisée ça... et souvent tu t'aperçois que les gens voient la professionnelle mais en même temps voient le côté humain et ça les aide. Tout en gardant une distance, quoi, mais ça m'est arrivé d'avoir des émotions et de les montrer ou alors de pouvoir dire des émotions joyeuses, dire « qu'est-ce que ça me fait plaisir, ce que vous me dites-là aujourd'hui ça me fait vraiment plaisir... (...) C'est un métier je trouve, d'ajustement où dans le relationnel tu es toujours obligé de trouver la bonne distance... je sais pas trop comment expliquer ça, c'est pas facile. L'inconvénient que j'y trouve c'est justement qu'il y a des moments où ça te pompe énormément, ça te pompe complètement ton énergie, tu donnes au maximum, tu ressors quelquefois complètement vidée, et puis qu'on a pas les moyens d'avoir des moyens de ressources quoi. » (Marianne)

Sophie a bénéficié des moyens de ressources évoqués par Marianne ci-dessus, et a pu découvrir le lien difficile à vivre entre ses émotions vécues dans le cadre professionnel et leur signification au sein de sa vie privée. Cette douleur lui a appris à prendre en compte ses émotions et à se protéger :

« On avait une fois par mois, un superviseur qui venait ou nous voir ou on allait le voir à Paris, donc on décortiquait les situations avec une base de systémie, et puis ben ça te remet effectivement pas mal en question, ça a mis le doigt moi sur des problèmes personnels avec mon père et qui étaient à prendre en compte après pour je pense travailler d'une manière plus sereine. Parce que les bénéficiaires du RMI tout seuls alcoolisés, me revoyaient plein de trucs et j'étais trop dans l'affectif. Même s'il en faut de l'affectif, mais là ça prenait le dessus. Donc ça a été parfois douloureux, mais ça remet des choses en place. Ceci dit c'était quelqu'un de super qui faisait ça donc il reprenait tout ça... oh mais je me suis vue partir en pleurant hein... » (Sophie)

Edith s'est engagée dans cette profession avec le conseil judicieux d'apprendre à se maîtriser sur le plan émotionnel, avec en tête l'image offerte d'un métier représenté comme « pas toujours valorisant ». Ne servirait-il donc à rien de s'investir dans ce métier si ce n'est pas pour en tirer une valeur personnelle ?

> « *Au début j'ai plutôt été déconseillée vers la profession d'assistante sociale, quand j'ai commencé à émettre cette hypothèse là, parce qu'on m'a dit effectivement que c'est une profession difficile et qu'il fallait apprendre à se maîtriser au niveau émotionnel etc. et que c'était vraiment très difficile et puis pas toujours valorisant. C'est vrai qu'on m'a plutôt un petit peu déconseillé.* » (Edith)

C'est également le conseil que donnerait Stéphanie à un jeune qui s'engagerait dans cette voie professionnelle, se blinder, ne pas se laisser atteindre sur le plan personnel par des émotions induites sur le plan professionnel, et vice-versa :

> « *A un jeune, je conseillerais d'avoir plein d'outils pour se blinder, ça je crois que c'est important, pour ne pas se faire de mal.* » (Stéphanie)

Même si sa pratique professionnelle l'aide à analyser son comportement et bien qu'elle cherche à distinguer le domaine privé du domaine professionnel, Béatrice a des difficultés à maîtriser complètement ses émotions :

> « *moi là je commence l'année avec une élève qui a un cancer et qui est vraiment mal en point, donc on est vraiment pessimistes, une maman idem 4 enfants. En scolaire on est confronté je trouve à des situations plus difficiles, à la douleur que les enfants peuvent ressentir, donc là je suis un élève qui a perdu sa maman, c'est vraiment dur quoi. Et puis bon je pense qu'il y a notre vie personnelle aussi qui fait que quand on est mère, on pense... et il y a des choses qui se passent même si on veut faire la barrière, parfois c'est difficile... et je trouve qu'il y a des situations parfois qui sont dures à gérer.* » (Béatrice)

Manon vit au rythme de ses émotions et tente de les canaliser lorsqu'elles la submergent afin de se préserver la distance nécessaire entre elle et les autres, pour rester dans le domaine professionnel :

> « *Ça m'arrive d'avoir peur face à des gens agressifs, ben c'est vrai que j'essaie de canaliser ma peur et du coup je ne le dis pas parce que j'ai peur que ça fasse monter l'agressivité et l'autre du coup se sente plus fort et que du coup moi j'ai encore plus peur. Pas toujours parce que aussi je trouve que c'est important d'être à l'écoute et de comprendre ce que les gens vivent, d'être compréhensive, mais il y a je pense une certaine distance à respecter. Justement pour rester professionnelle. Sinon du coup on vit les choses avec eux et on ne voit plus clair. On a plus cette distance qui nous permet d'analyser, de prendre du recul. Alors des fois ça arrive parce que les gens nous renvoient des choses, ils nous renvoient des émotions qui font que ça vibre là-dedans, et qu'on ne peut pas contrôler.* » (Manon)

Béatrice n'exprime pas ce qu'elle pense parce qu'il s'agit là, pour elle, du registre personnel, et serait du même ordre qu'un jugement de valeur émis sans aucun recul ni regard professionnel. Tout comme Béatrice tente de cloisonner parfaitement ce qui est du domaine personnel et familial et ce qui est du domaine professionnel, elle va essayer de maîtriser ce qu'elle pense lorsqu'elle se trouve en relation avec un usager :

*« Ce que je ressens moi, j'essaye de ne pas l'exprimer. Ce n'est pas toujours facile hein, mais je fais attention à ça, de ne pas dire ce que moi je ressens, parce que je trouve que ça n'a pas lieu, que le jeune ne soit pas influencé par ce que je peux dire sur ce que je ressens. Je trouve que c'est un positionnement professionnel. Même une famille que je reçois, si je vais penser qu'il y a des choses qui ne vont pas du tout, je vais essayer de le dire d'une certaine manière, mais pas ce que je ressens au plus profond de moi quoi. Parce que déjà je trouve que c'est porter un jugement... il y a une maman que j'ai reçue parce qu'il y a un problème d'absentéisme, et je me suis dit, « si je lui dis tout le fond de ma pensée la pauvre, je ne sais pas si elle serait repartie debout quoi... » Elle arrive pas à faire lever ses filles le matin pour qu'elles viennent au collège, elles sont entrain de dormir, une fois ça peut arriver, mais que ça arrive tous les matins et qu'elles soient régulièrement absentes depuis la sixième, c'est inquiétant quoi. Mais j'essaie en général d'éviter de dire ce que je ressens. »* (Béatrice)

Autant de manières de « jouer », plutôt que gérer, avec des moyens, des comportements, des... trucs, des apprentissages qui visent au même objectif conserver ses équilibres, les ajuster... jusqu'à ce que, un jour, cela ne fonctionne plus.

g. Oser rompre

1- Faire un break

Malgré les moyens mis en place, tout ne peut être maîtrisé ni réellement cloisonné. Aussi, lorsque les douleurs et les difficultés surgissent sur le plan familial ou professionnel, il est nécessaire de se consacrer à leur résolution. Il est alors difficile de rester disponible pour travailler. Il est souvent utile de faire un break, de se reposer quelques jours, le temps que la vie familiale retrouve une certaine sérénité, pour récupérer son énergie et son plaisir au travail.

Sophie a testé la porosité des frontières entre le domaine familial et le domaine professionnel comme une source de désagrément et de déplaisir :

*« Ma satisfaction je pense que c'est ma famille, c'est d'être bien ensemble.*

*C'est quand tout à coup on s'arrête, quand on est à table, à manger dehors et qu'il fait beau, et puis que tout le monde rigole et même si on s'engueule quoi, mais il y a de la chaleur... et puis le volet santé quoi, que tout aille bien, parce qu'on a eu quelques épreuves autour de nous, dans la famille de mon mari, et puis nous avec le dernier de nos enfants... on apprécie encore plus des plaisirs simples. Ça m'a arrêtée... même au niveau professionnel, ça m'a tout changé... j'ai fait un break, et puis voilà ! »* (Sophie)

Edith considère qu'elle a dû s'autoriser un temps de récupération à l'occasion d'un deuil familial, avant de pouvoir être disponible à nouveau pour son travail. Mais elle précise malgré tout que ce « break » n'a pas été de longue durée, comme pour se déculpabiliser d'avoir pris un certain recul avec son métier :

*« Ça m'est arrivé, à un moment donné où au niveau familial, c'était un petit peu difficile, justement, parce que je pense que j'étais pas assez disponible. Et je me suis arrêtée, j'ai pris un congé maladie à un moment donné. J'y arrivais plus, justement. Ça n'a pas duré très longtemps, j'ai eu un deuil, j'ai eu besoin à un moment donné de faire un break. Et je me suis autorisée ce petit temps là pour repartir après. »* (Edith)

A travers leurs mots, quelques assistantes sociales interviewées expriment beaucoup donner d'elles-mêmes et en conséquence donner aussi un peu de leur personne dans leur travail. Quand la vie privée ne croise pas de difficultés majeures il n'y a rien à modifier sur le plan professionnel, mais lorsque la vie personnelle se fragilise, alors le travail ne vaut plus rien, il n'est plus « bon » :

*« Et c'est vrai que pour avoir eu des moments difficiles dans ma vie, parce que bon, j'ai quand même divorcé et c'est vrai que pour moi ça a été une épreuve dans ma vie, c'est à ce moment-là qu'on se rend compte que notre vie ne tient qu'à un fil. Quand j'ai divorcé par exemple, je n'étais plus en capacité de travailler j'ai préféré m'arrêter, parce que j'étais consciente que je ne ferais pas du bon boulot. »* (Manon)

Encore l'équilibre personnel. Les dysfonctionnements sont jusque là de l'ordre de la vie privée mais ils peuvent aussi provenir de la vie professionnelle.

Le sentiment de frustration qu'elle éprouve dans son travail, y compris jusque sur le plan physique, incite Hélène à rechercher une nouvelle orientation. Cependant, les conditions matérielles assez favorables offertes par son employeur l'amènent plutôt à envisager de faire un break, une coupure momentanée à travers une formation, pour redonner un nouveau sens à son travail :

*« Je suis frustrée ! J'ai un sentiment de frustration qui est...*

*ça te fait une boule à l'estomac quand tu vas en réunion et qu'on aborde la situation d'un résident, « on pourrait mettre ça en place… » Mais quand t'entend « de toutes façons ça marchera pas, c'est non. » Tu ressors avec ta boule à l'estomac et tu te dis « mais c'est dégueulasse ce qu'on fait », on prive les gens d'un certain nombre de moyens alors que ce serait si facile à faire, pour le principe c'est non. Ça, ça me… je te jure, c'est pesant. Quand t'es confronté à des barrières systématiques parce que c'est plus pour te faire chier que pour autre chose, si tu veux…pffff… tu vois c'est statique, un bel outil, une belle vitrine, mais faut pas que ça bouge quoi. Alors je me dis bon, ça vaut le coup d'attendre un ou deux ans et de voir ce qui se passe quoi. Le temps éventuellement de faire une formation. »*(Hélène)

La solution à un déséquilibre passager, source d'atténuation ou de disparition du plaisir, est donc la coupure de plus ou moins longue durée. Un approfondissement de ce déséquilibre mène vers une autre voie.

2- Changer de boulot

Lorsque l'imbrication du personnel et du professionnel leur a rendu difficile la vie familiale et/ou professionnelle, plusieurs personnes interviewées ont été contraintes de changer d'employeur pour aller vers un poste leur permettant de conjuguer à la fois leur vie familiale et leur vie professionnelle.

Marianne a fait le choix de préserver sa vie familiale. Le poste qu'elle occupait à l'aide sociale à l'enfance, tant dans ses contraintes horaires que sur le plan émotionnel, l'entraînait dans une insécurité qui ne lui permettait pas de poursuivre son activité professionnelle dans le même contexte. Elle a répondu à une offre d'emploi opportune qui lui a permis de changer de cadre et de retrouver un équilibre de vie familiale :

« *On avait des horaires un peu élastiques, quand tu fais un placement de gamin, évidemment tu ne vas pas penser d'en finir à telle heure quoi. Moi j'étais toute seule avec ma gamine, ma gamine elle était très en demande, elle était ou chez la voisine, je savais pas toujours à quelle heure j'allais rentrer, elle était à la halte garderie, c'était quand même problématique. A un moment donné je me suis dit 'attends, là ça va pas quoi. Tu vas pas aller t'occuper des gamins des autres si toi-même tu mets la tienne en difficulté quoi. Là y a un truc qui coince quoi.' Et ma priorité c'est ma môme quoi, c'est clair. Donc là ça commençait à trop me tirailler, pour elle ça posait quand même des problèmes, au niveau de la scolarité, il y avait quand même des trucs… je voyais bien que ça n'allait pas. Je n'étais pas assez souvent à la maison, c'était insécurisant pour elle. Et puis le fait d'aller… je me souviens de mon premier placement où il y avait 9 gamins d'un coup, ça a été un peu le baptême du feu et j'ai emmené des gosses dont une qui avait exactement l'âge de ma gosse (…) ça me renvoyait trop de choses difficiles, et ça me mettait trop en difficultés par rapport à ma fille, là faut arrêter quoi (…).*

> *J'ai eu l'opportunité à un moment de trouver un boulot sur Alençon donc c'était plus près évidemment, plus facile pour moi, avec des horaires différents, même si de temps en temps je finis plus tard, mais c'est quand même des horaires beaucoup plus fixes. Je sais à quelle heure je peux finir donc pour ma fille c'est beaucoup plus rassurant et c'est vrai que j'ai vu un changement radical chez elle, si tu veux. (...) A nouveau il m'a fallu faire un choix et je l'ai fait essentiellement du fait de ma fille quoi.* » (Marianne)

Au tout début de sa carrière professionnelle dans le métier d'assistant social, Francis a été contraint de préserver sa vie familiale, confronté à l'impossibilité de modifier le contexte professionnel dans lequel il exerçait :

> « *C'est vrai que j'ai beaucoup hésité à quitter cette équipe, je m'y plaisais bien. Mais entre temps mon épouse, qui est devenue mon épouse maintenant, c'était les horaires. Heu... hein... tu sais bien... je vais pas t'apprendre...Elle me voyait arriver à 20h... c'est arrivé tu sais... gestion de l'urgence etc.* » (Francis)

Béatrice n'a pas attendu que sa vie familiale soit perturbée par sa vie professionnelle, elle a su anticiper les évènements pour se mettre dans des conditions de travail qui favorisent une certaine qualité de vie pour sa famille :

> « *J'ai changé de travail pour ma famille. Au départ, si je suis passée en scolaire, c'était pour avoir plus de temps pour mes enfants. Au départ c'était vraiment pour une meilleure qualité de vie pour mes enfants, pour être plus souvent avec eux. C'était vraiment un choix par rapport à ça. (...)Mais c'est vrai que j'ai fait des choix, c'est vrai que je mets en avant ma famille d'abord. Et c'est vrai que le travail ne passe pas en premier.* » (Béatrice)

Pour Marie, tout comme Hélène, les émotions vécues à l'égard de son emploi, y compris jusque sur le plan physique, l'ont obligée à partir pour préserver son équilibre personnel. Elle reconnaît son incapacité à exercer son métier dans le contexte où elle se trouvait, et même à dire ses difficultés si ce n'est au travers du filtre de son corps. Elle a retrouvé l'équilibre par le changement et expose ce qu'elle a vécu durant cette période avec un vocabulaire très imagé :

> « *Moi j'étais prisonnière de la charge de travail, et prisonnière du nombre, et je... savais pas comment faire, tu vois, les bras m'en tombaient à longueur de journée, (rires) j'ai même fini heu... pffff... je suis tombée par terre, mais vraiment hein... physiquement... Après une visite, pof... je me suis évanouie dans l'escalier, je suis arrivée en bas de l'escalier, j'ai pas vu comment j'étais arrivée en bas, tu vois, je crois que je suis allée heu... c'était trop quoi, je n'avais pas suffisamment heu... j'avais pas fait de stage en polyvalence de secteur en plus, à part la première année, et donc heu... j'étais pas apte à gérer heu... comme ça... ben peut-être que certains appelleraient la liberté, c'est à dire heu t'as un secteur, ben tu t'occupes des problèmes. (Rires) Pour moi c'était pas de la liberté, c'était trop lourd. J'ne savais pas comment faire.*

*Ah oui, oui, physiquement, je suis tombée par terre ! J'ai été très contente d'avoir eu le poste au centre de soins. C'est ça qui m'a permis de m'en sortir hein. »*
(Marie)

Sygrid ne se « contente plus » des réussites au quotidien et des « grandes choses » qu'elle dit avoir vécues dans son métier. Elle analyse le système et l'interroge. Elle commence à perdre son équilibre professionnel et pour tenter de retrouver son équilibre personnel se trouve contrainte de changer non pas d'emploi, mais de métier :

*« Le profil m'intéressait et qui va peut-être arriver à sa fin dans les deux ou trois ans qui viennent. Mon désir c'est d'en terminer un peu avec l'hôpital et puis essayer de rebondir sur autre chose, donc je suis entrain de réfléchir, voire passer des concours d'Education Nationale, pour enseigner en bac sms, un truc comme ça.(...) Les points négatifs c'est que j'ai le sentiment malgré tout de plus en plus réel de ne pas servir à grand chose, de pas pouvoir apporter une aide, et de plus en plus le sentiment de participer à cette grande hypocrisie sociale qui nous envoie un peu au charbon pour faire croire qu'effectivement on prend soin des gens. J'ai envie de changer de boulot pour ne pas être amère. J'aurais vécu de grandes choses. Ça correspond à une étape dans une vie et je n'ai pas envie d'être une assistante sociale aigrie, je donne ce que je peux ! Je sais que je viens au boulot avec enthousiasme mais je sais que ça ne va pas durer. Je sens malgré tout que c'est un boulot où faut vraiment du souffle quoi ! Enormément de souffle et je sais que je n'en aurais pas 10 ans. »* (Sygrid)

Le dernier exemple est significatif. La solution, quand elle est possible, consiste à... partir vers un autre horizon même si le cas de Sygrid est un peu particulier puisque bien plus souvent la voie est celle qui consiste à rester dans le domaine du social en changeant de poste ou d'emploi et, parfois, à s'éloigner du terrain.

Garder l'équilibre est donc le second registre explicatif du plaisir au travail. Il ne s'agirait pas tant de rester en équilibre, que de préserver son identité personnelle source d'équilibre. C'est une démarche complexe qui relève d'un long apprentissage et d'une analyse de son parcours personnel et professionnel et qui consiste à ne pas mélanger ce qui appartient à la vie familiale et ce qui est du ressort de la vie professionnelle. Mais l'imbrication des deux domaines rend le clivage assez difficile à maintenir et contraint l'assistante sociale à analyser son métier comme un métier d'ajustement perpétuel pour rester dans la zone d'affiliation et de plaisir, tout comme elle le pratique dans sa relation avec un usager. C'est la condition d'équilibre qui permet d'éprouver du plaisir au travail.

A travers ces différents témoignages nous avons pu observer que le degré d'investissement personnel de l'assistante sociale va conditionner l'intérêt qu'elle aura pour son métier. Aussi, lorsqu'un malaise ou un déséquilibre survient chez une assistante sociale qui se sera orientée vers ce métier pour des raisons en lien avec son histoire personnelle ou familiale, c'est d'abord vers elle-même qu'elle se tournera pour tenter de trouver une solution en faisant un break ponctuel, puis selon le degré de déséquilibre et ce qu'elle en éprouvera, s'orientera vers une formation ou un autre employeur. Elle mettra en œuvre un parcours qui lui permettra de se préserver en se maintenant dans son métier. Par contre, un accès à la profession d'assistante sociale par d'autres motivations lui permettra de moins hésiter à changer de métier lorsque la nécessité s'en fera ressentir.

L'hypothèse que nous avions émise selon laquelle *« le parcours comme structurant de l'accès au plaisir dans le travail, allié à la conformité de ses motivations, et à l'écoute de ses émotions, met l'assistante sociale en capacité d'être acteur et d'éprouver du plaisir dans son travail. »* est donc validée dans la mesure où mise en situation d'équilibre l'assistante sociale pourra être actrice tant envers elle-même qu'à l'égard de ceux qu'elle accompagne, car c'est dans l'action que naît le plaisir.

3- Agir pour soi par les autres

Les témoignages en apportent la preuve, les professionnels expriment avoir d'abord du plaisir parce qu'ils exercent un métier qui leur convient, parce qu'ils ont puisé leurs attentes dans l'éducation apportée par la famille et parce qu'il répondait à des besoins qu'ils éprouvaient au plus profond d'eux-mêmes. Leur métier, participant à la construction de leur identité, explique à quel point la vie personnelle est imbriquée dans la vie professionnelle et les échanges permanents entre les deux niveaux. Il n'est donc pas surprenant, dans ce contexte, que les professionnels exprimeront faire ce métier « pour eux », même s'il s'agit d'agir à l'égard des autres :

> *« L'échange, le contact, la surprise, la connaissance de soi m'apporte beaucoup de plaisir. (…) C'est un métier finalement où on a beaucoup de plaisir personnel. C'est pour soi aussi. C'est beaucoup pour les autres mais c'est aussi pour soi. »*
> (Manon)

Dans ce chapitre nous avons donc cherché à identifier le processus individuel qui guide le professionnel vers le plaisir et à inventorier les différents registres du plaisir. Plusieurs personnes interviewées ont évoqué un « besoin » qui les incite à réaliser ce métier parce qu'il y répond.

a. J'en ai besoin

Sophie dit aimer ce qu'elle fait, aimer son métier parce qu'elle a besoin de cette part de relationnel et de contacts qu'il lui apporte et qui la dynamise dans l'enrichissement de sa personnalité :

*« J'aime ce que je fais, je le sens parce que j'en ai besoin, déjà ! Donc quand je me suis arrêtée, je n'ai jamais pu m'arrêter longtemps, enfin quand je veux dire arrêtée, ce n'est pas des arrêts maladie parce que je n'en ai pratiquement pas eu, mais des arrêts notamment maternité, ça me manquait. Le relationnel me manquait. (...) C'est très égoïste ce que je dis parce qu'en fait c'est ce que ça m'apporte à moi. Mais c'est réel, ça m'apporte énormément de choses. Et tant que je continuerais à apprendre des trucs, et à ce que ça m'apporte énormément, j'irais toujours avec plaisir. »* (Sophie)

Marianne va jusqu'à exprimer rechercher à assouvir dans son métier, le besoin d'être réconfortée et rassurée, voire aimée :

*« On donne, on reçoit aussi beaucoup donc je trouve que c'est quand même quelque chose de très agréable donc heu... je pense que c'est un métier qui répond sûrement à notre besoin d'être réconforté, d'être reconnue, d'être aimé quelque part, je pense que c'est effectivement... quand les gens t'attendent avec impatience ou plaisir parce que tu vas leur apporter quelque chose ou que tu as fais quelque chose pour eux et qu'ils te remercient et qu'ils ont trouvé ça super, ben évidemment je crois que tu te sens bien quoi. C'est vraiment ton narcissisme, ton ego est quand même sacrément flatté et en même temps c'est un métier où on a besoin aussi d'être réconforté. »* (Marianne)

Hélène exprime à son tour la nécessité pour elle de faire ce métier en terme de besoin. Pour Hélène, il s'agit d'un besoin différent de celui de Sophie et qui est de l'ordre d'un besoin de réparation ou de règlement de compte qu'elle ne pourra assouvir qu'en offrant d'elle-même aux autres :

*« Sinon, en terme de plaisir en général, je crois qu'on se fait plaisir aussi dans ce travail là. On se fait plaisir en se rendant utile comme ça, non mais... c'est vrai, on a un besoin... c'est un peu le besoin de réparation comme on disait tout à l'heure, ou de compte à régler, moi je crois que c'est vrai ça hein. »* (Hélène)

Edith ne va jamais au travail à reculons. Ce métier fait partie d'elle-même, il répond à son besoin de construction de son identité. Il lui permet de se réaliser en tant que personne :

*« Je n'ai jamais de soucis de reprendre le boulot, j'y vais plutôt de gaieté de cœur. (...) J'ai besoin de travailler, j'ai besoin de rencontrer des gens, pour moi ça fait partie de mon évolution personnelle. Si en plus j'apporte un peu aux gens, c'est très bien ! Qu'à cela ne tienne ! Je crois vraiment que c'est quelque chose que j'aime faire. »* (Edith)

Manon est dans la même démarche que ses collègues, elle a inscrit sa personnalité au coeur de son travail :

*« Non pour l'intérêt de mon travail je ne regrette pas parce que vraiment je m'y retrouve et c'est tout moi quoi. Je m'y retrouve, je m'y sens bien. »*(Manon)

Nous l'avons précédemment observé, l'orientation « naturelle » vers le métier d'assistante sociale répond à la nécessité pour les personnes interviewées de satisfaire un besoin de construction, d'élaboration et d'enrichissement de leur personnalité, de leur identité. Exercer un métier qui répond à ce besoin personnel et individuel est le préalable du processus d'accès au plaisir dans le travail. Pour que le métier permette de poursuivre cet engagement dans le plaisir, quelques professionnels questionnés se sont orientés spontanément ou après quelques tâtonnements, vers un emploi qui correspond mieux à leur personnalité.

b. Agir en fonction de sa personnalité

Pour Chantal, le préalable à l'exercice du métier d'assistante de service social est de disposer d'un certain nombre de capacités qui facilitent la relation à l'autre. L'évolution professionnelle sera indissociable de la personnalité :

*« Moi je pense qu'il faut un minimum de capacités et qu'après ça se travaille plus ou moins, en fonction des goûts des uns et des autres ou du parcours professionnel mais je pense que si on a pas ce minimum de capacités relationnelles avec l'autre, personnellement ça me gêne. »* (Chantal)

Accéder au métier d'assistant social permettait à Francis d'y trouver du plaisir parce que répondant davantage à un trait de sa personnalité que son précédent emploi :

*« J'ai été pris comme AS et je ne le regrette pas, tu vois. C'est vrai que j'ai plus de plaisir heu... à faire les choses, heu... en fait le plaisir c'est aussi en fonction de sa personnalité, moi j'ai, moi je n'aime pas beaucoup le conflit... »* (Francis)

Dans sa vie de tous les jours, Marie ne s'intéresse pas à l'aspect matériel du quotidien. Ses qualités ne l'orientent pas naturellement vers les questions financières. Elle a connu une part de souffrance au travers de la mission dont elle était chargée en polyvalence de secteur parce qu'elle dit avoir eu en charge une mission qui ne correspondait pas à sa personnalité :

*« C'était tous les problèmes de fric, y en a beaucoup quand même, en polyvalence de secteur notamment y en a beaucoup et ça pour moi c'était difficile, difficile, difficile, parce que je crois que je ne suis pas assez réaliste. Ça ne m'intéresse pas cet aspect-là de la vie, ça ne m'a jamais intéressée (...)*

*Je crois que c'est ça aussi, c'est d'évaluer ce que tu es capable de faire, ce que t'as envie de faire... heu... pour choisir un endroit de travail qui corresponde à... à ta personnalité professionnelle, j'ai envie de dire. T'as des gens qu'ont besoin de la polyvalence de secteur, c'est là où y vont se sentir le plus libre. »* (Marie)

Sygrid n'a jamais eu besoin de rechercher un emploi, c'est le travail qui est venu à elle, les professionnels de son environnement proche connaissant sa personnalité lui proposaient des postes en corrélation avec ce qu'elle est :

*« Je supporte pas l'inactivité et j'aurais eu du mal à végéter pendant des semaines au chômage, à faire des lettres... et puis je savais aussi que ça regroupait des choses qui correspondaient, qui étaient adaptées à ce que j'étais, c'était aussi ça. Je n'ai jamais cherché du boulot. C'est à dire qu'à chaque fois on me disait « tiens envoie ta lettre là, appelles là parce qu'il y a un poste, on arrive pas à trouver... » Ça a toujours été comme ça. Pour l'Education Nationale c'est pareil, on m'a appelée en juillet en me demandant si j'étais libre début septembre. « Viens donc... »* (Sygrid)

Mais s'engager vers un poste en accord avec sa personnalité nécessite de bien se connaître. Manon compte sur son évolution personnelle pour accéder un jour à l'emploi qui semble l'attirer :

*« C'est vrai que me connaissant, je me suis toujours dit, mais ça viendra peut-être un jour, que j'étais plus faite pour du spécialisé, disons que je suis quelqu'un qui a tendance à s'éparpiller facilement. Or c'est vrai que la polyvalence, c'est un métier où on est éparpillé, où il n'y a pas de cadre ni de limites. »* (Manon)

Se connaître ne signifie pas uniquement connaître ses qualités et ses défauts, mais c'est également être lucide sur son histoire personnelle, sur ce qu'elle a induit en terme d'identité. C'est aussi avoir pris suffisamment de distance avec son histoire pour être consolidé dans ce que la relation aux autres peut renvoyer, l'échange peut générer des émotions déstabilisantes pour le professionnel. La question essentielle qui se pose aux assistantes sociales est « qu'est-ce que je veux pour moi ? » :

*« Et de se connaître, parce que je pense que si on ne se connaît pas, ça peut faire un peu des dégâts à un moment donné (...) n'empêche que des fois, c'est ce que je disais tout à l'heure, ça peut renvoyer des images de son histoire, de ce qu'on est, qui peuvent être violentes, si elles sont pas bien gérées et donc si on connaît pas bien son tempérament, ses points positifs, ses points négatifs, et une connaissance de soi, ça peut être un petit peu dangereux à un certain moment, on peut se les prendre en pleine face. C'est vraiment d'y réfléchir et qu'est-ce que soi on attend, on parle toujours de l'aide aux autres, oui, mais pour soi ? Parce que si on aide les autres, faut pas se leurrer, c'est aussi pour s'aider soi. Qu'est-ce qu'on en attend et qu'est-ce que qu'on en veut de ça. »* (Edith)

c. Avoir des contacts

L'assistante de service social travaille au service des personnes et des groupes, et au travers des entretiens avec les professionnels l'expression « avoir des contacts » revient régulièrement comme une incantation :

> « *Ben ces échanges, ces contacts, cette possibilité d'aide, ces rencontres, ça c'est bien, c'est ce que je voulais au départ.* » (Frédérique)

Avoir des contacts avec des personnes est le leitmotiv des assistantes sociales, mais au-delà du besoin se situe l'envie, le désir d'accompagner les individus qui viennent vers elles. L'envie va provoquer le mouvement naturel vers l'autre, va permettre que la relation se crée et faire naître le plaisir chez le professionnel :

> « *Si t'as pas envie, là le plaisir, justement il va foutre le camp, hein vite fait, si vraiment t'y vas tout de force, mais on peut pas tout le temps se forcer, et la personne que t'as en face de toi, du moment que tu fais ton boulot, tu peux le faire très bien. Mais finalement que t'aimes pas échanger avec des gens, tu sais, au bout d'un moment c'est une énergie hein à dépenser... donc l'énergie va faire que le plaisir va se barrer... l'alchimie ne va plus se faire...* » (Francis)

Le dernier terme de Francis est important : « alchimie ». Une certaine dimension magique se cache derrière ce terme. L'adéquation personnalité / métier, l'accrochage, le contact assistante sociale / usager n'est pas chimie au sens scientifique du terme et si certains moyens sont connus pour tenter de maintenir l'agrégation des éléments, rien n'en garantit la durée, ni l'efficacité car soi et l'autre sont aussi histoires complexes.

d. Accompagner, vivre une histoire

Ce contact qui se noue avec un individu dans un contexte professionnel porte en lui toute la richesse de ce qui reste à venir, dans l'accompagnement de son histoire de vie. Chantal est assistante sociale depuis 30 ans dans le même service et a effectivement pu accompagner des histoires de vie sur le long terme :

> « *Et donc ça créé des liens tout à fait particuliers avec les personnes qui ne sont pas des liens d'amitié parce que ça c'est pas du tout le but mais qui sont des liens professionnels très intenses et à partir de ce moment là la relation évolue en fonction de mon âge et du leur bien sûr, on a vieilli presque ensemble et puis ben leurs enfants grandissent. Y a des histoires de vie quoi. Y a des périodes où je vois certaines familles parce que ça ne va pas très bien puis je peux être un an, deux ans, trois ans, quatre ans, sans les voir... voir plus et puis à un moment donné ils reviennent.*

*Un peu comme une histoire en pointillés et puis on la reprend un peu où elle en était il y a 5 ans et puis des fois on dit qu'est ce qui s'est passé depuis et donc on reconstitue un peu le fil. Et puis ça s'arrête à nouveau parce que c'est normal. C'est vrai que moi je le vis comme quelque chose de très très riche. »* (Chantal)

Même pour Marianne qui a moins d'ancienneté professionnelle, la notion d'accompagnement dans la proximité de la personne, et dans une idée de parcours donc de durée, est très importante, comme s'il y avait frustration que la relation ne dure que l'espace d'un instant :

*« Moi ce qui me plaît c'est ça, c'est d'avoir des contacts avec des gens, et à un moment donné, de faire un parcours avec eux, d'un point où il y a des difficultés, où il y a des choses, une situation, dans un instant T quand même problématique, petit à petit avec eux faire un chemin, arriver à démêler l'écheveau et au bout faire... enfin, évidemment dans toutes les situations ils vont pas mener au bout forcément, c'est à dire amener malgré tout à une amélioration de la situation et amener à un mieux être à un moment donné. Ou au moins les aider à avancer et ça je trouve ça vraiment intéressant. »* (Marianne)

Sygrid n'a pas le même rapport au temps et à l'accompagnement dans la relation. Sygrid vit intensément dans l'instant, dans ce qu'elle éprouve au cours d'un entretien ou de rencontres :

*« Ben moi qui voulais travailler dans l'humain je suis servie quoi. Des tranches de vie incroyables, d'entretiens où je ressors et je me dis « j'ai vécu quelque chose de fort... » C'est un peu mon avis mais dans tout ça il y a des moments assez forts quoi. Des rencontres, il y a des entretiens, je me dis qu'il s'est passé quelque chose où malgré tout on sent que la personne elle ressort, en ayant déposé un truc où on se sent un peu plus léger. Bon l'objectif ce n'était peut-être pas ça, mais en même temps, c'est ça qui s'est passé ! (...) C'est un métier où on fait des rencontres, où on est au cœur de l'humain avec ses travers, beaucoup de tordus, de pervers, de tout ce qu'on veut, ça c'est sûr. Mais en même temps, de temps en temps de grandes histoires quoi. »* (Sygrid)

C'est le même rapport à l'instant de la relation, dans la richesse de chaque moment vécu indépendamment d'un autre, que Sygrid éprouve du plaisir. Ce plaisir prendra alors le pas sur un cadre un peu contraignant :

*« On anime un groupe de paroles pour malades alcooliques et puis leur entourage, donc c'est le jeudi soir à 8h. Des fois c'est galère parce qu'on doit ressortir à 8h, en quatrième vitesse et repartir jusqu'à 10h, à chaque fois vraiment ça m'emmerde quoi ! Et puis à 10h, à chaque fois quand on se sépare, on dit avec mon collègue, « c'est dans ces moments là que je me souviens pourquoi j'ai voulu faire ce boulot là, quoi. »*

*parce que pendant deux heures on a vécu des témoignages, des tranches de vie, des trucs vachement forts, avec des gens qui s'expriment face à leur peur. (...) et à chaque fois on se fait la même réflexion, ça nous a gonflé de repartir le soir à 8h le jeudi, c'est l'horreur et à chaque fois à 10h, on se dit « ah !! Attends, il s'est encore passé quelque chose » là c'est des moments de plaisir. »*

Personnalité, métier, usager, le triptyque se vit différemment à travers le contact nécessaire.

### e. Au delà des contacts, une relation

Plus que les simples contacts avec les personnes, c'est la relation qui se noue avec elles qui est la plus productive de plaisir pour les professionnelles interviewées, car c'est au cœur de la relation avec l'usager que se créera l'échange :

*« Je pense que c'est les relations avec les personnes qui m'apportent le plus de plaisir et de pouvoir leur apporter quelque chose aussi. Du coup moi j'en éprouve de la satisfaction, de faire des choses avec des personnes aussi, en individuel ou en collectif, quoique le collectif soit plus ludique, c'est autre chose, même dans la relation d'aide je trouve que y a à y trouver notre compte. La relation est très porteuse de plaisir. »* (Christine)

A travers le contact et la relation il y a l'échange, il y a donner et recevoir. L'assistante sociale donne de ses qualités, de sa compétence, de son énergie, pour aider les personnes, elle s'investit dans cet échange. Le contact et la relation se créent également avec des partenaires ou des collègues, dans un objectif d'action commune. En retour, elle en reçoit un enrichissement tant au niveau de sa personnalité que de ses connaissances :

*« Franchement c'est l'échange, les gens ne s'en rendent pas compte mais nous on en voit des choses, et ils nous apprennent à mieux nous connaître. Alors il y a aussi le don de soi, donner du temps, de la patience, de l'énergie aussi, des fois quand on sort d'entretiens on est vidée. On a cette sensation là. L'impression vraiment qu'on a tout donné quoi. (...) et puis il y a aussi tout le côté relationnel avec les partenaires, les collègues, où on échange, on analyse, c'est gratifiant aussi ça. C'est un métier où on a tout le temps du contact, où on est en permanence en contact, que ce soit avec les gens, avec les partenaires... »* (Manon)

L'échange, c'est donner et recevoir, c'est aussi transmettre une envie, un désir aux gens rencontrés. Le don, c'est donner l'envie. Et pour leur transmettre cette envie, leur transmettre « la pêche », il faut se sentir bien soi-même (encore l'équilibre) :

« Les gens qui n'avaient pas d'humour, qui étaient moroses, qui faisaient des malaises au boulot, qu'on sentait stressé, ben je pense que c'était ceux là qui ne transmettaient pas une pêche aux gens tu vois. Les gens qui allaient mal, qui venaient là à reculons, là que tu sentais venir à reculons, quand tu récupérais des situations sur les moments d'absence, tu t'apercevais que les gens, mis à part pleurer ensemble, et ben ils ne faisaient pas grand' chose. Et ça, ça construit pas. Et puis ça met en colère ! Le gâchis avec les gens, on est pas là pour ça... on a besoin de pêche... les jours où on est plus fatigué, où on va moins bien, moi je suis persuadée que je travaille moins bien hein... les jours où t'as la crève, que t'arrives au boulot que t'as 39 de fièvre, que pour le coup ben tu serais bien pas venue, ben c'est vrai que ce jour là essayer de remonter le moral à quelqu'un c'est plus difficile hein. »
(Sophie)

Les relations qui se créent entre les usagers du service social et l'assistante sociale ne sont pas toutes idéalement positives. Mais pour Edith, même les relations difficiles permettent d'en apprendre beaucoup sur soi et c'est ce qui est valorisant :

« En terme positif je pense qu'il en ressort toujours quelque chose de très riche même dans des relations difficiles avec des personnes. On apprend sur soi, ça je pense que c'est clair. Et puis s'intéresser aux autres je pense que c'est aussi s'intéresser à soi, ça permet de découvrir des choses pour soi-même. » (Edith)

Avancer dans une relation professionnelle c'est un échange permanent entre donner et recevoir en retour dans un objectif de développement personnel de l'assistante sociale. La relation qui se crée avec un usager va parfois obliger la professionnelle à « se dépasser » à aller au-delà de ce qu'elle rencontre habituellement, tant dans ses connaissances que dans son approche personnelle :

« Donc que ce soit au niveau législatif ou au niveau pratique et donc effectivement il peut y avoir à certains moments du parcours des difficultés à surmonter comme par exemple l'appréhension du handicap, c'était pas gagné d'avance quoi. Un gamin handicapé qui bave, qui fait une crise puis qui vient te faire un bisou bon c'est pas toujours évident dès le début et puis après dans cette situation là tu découvres plein de chaleur humaine, tu découvres une envie de lui trouver un placement qui lui conviendra à l'âge adulte, et puis tu te prends au truc et puis le gamin tu le vois pas de la même manière quoi. Et ça tu t'en rends compte avec du recul, en voyant des gens de l'extérieur qui viennent et qui te disent « mais comment tu fais quoi ? » Et ben tu fais, tu fais et puis avec amour quoi, parce que tu te piques au truc. »
(Sophie)

Ces témoignages parlent du don et du recevoir au sens Maussien du terme et y voient la source du plaisir. Chez M. Mauss, « *le don est inséparable de l'échange, il est un 'moment' de l'échange.(…) L'hypothèse centrale de M. Mauss est que l'échange réciproque dans lequel le don est en quelque sorte l'opérateur initial se définit toujours et partout par l'obligation de donner, de recevoir et de rendre. (…) Autrement dit, il n'y aurait jamais de don 'gratuit'.* »[63]

Les auteurs de la « Sociologie contemporaine » poursuivent leur lecture de M. Mauss en ajoutant que dans certaines sociétés primitives, « *l'échange consiste en un don suivi d'un contre-don immédiat (…) le contre-don doit être supérieur au don. Pour autant il n'éteint pas la dette. Celui à qui est rendu le contre-don doit à son tour fournir un don supérieur au précédent. Le vainqueur est celui qui peut continuer à donner.* »[64] Le concept de contre-don justifierait la créativité inhérente à une relation et à l'échange avec la nécessité d'aller plus loin et d'en donner toujours plus pour trouver son plaisir.

f. Le plaisir est dans la création

Chaque situation rencontrée est particulière, et parce que l'assistante sociale est unique dans sa personne, chaque relation nécessitera d'inventer et d'innover à chaque fois. Pour l'assistante sociale, donner à travers la relation à l'usager c'est se rouvrir des possibles, c'est rechercher son propre équilibre.

C'est agir sur ce qui n'existe pas encore, c'est créer :

« *J'y trouve mon équilibre, pour le moment. Ça compense pas forcément ce que je n'ai pas à l'extérieur, mais j'y trouve mon équilibre parce que je peux justement rencontrer des gens, je peux travailler avec l'humour et ça c'est important. Quelque part c'est créatif parce qu'en fin de compte chaque situation est différente et par ce que je cherchais en création dans un autre domaine, quelque part je le retrouve quand même là-dedans. Oui, chaque situation est nouvelle donc tu crées avec la personne ce qui va se passer après, ce qui va évoluer, et ça c'est bien, c'est agréable. Donc pour le moment j'y trouve encore du plaisir.* » (Marianne)

C'est également l'aspect créatif et l'effet de surprise de son métier, à travers la découverte de nouvelles personnes ou ce qu'elle peut en comprendre de leur fonctionnement qui passionne Stéphanie et lui procure beaucoup de plaisir :

« *J'aime bien découvrir des gens, des milieux, des fonctionnements, ça j'adore ça. Ça me passionne : comment ça relationne, où est-ce que ça dysfonctionne, trouver le pourquoi, les éclats de voix, la tristesse, la colère.*

---

[63] Sociologie contemporaine, op-cit, p 88
[64] Ibid, p 92

*C'est d'avoir un dossier et rien dedans, et puis y aller et puis de tout voir, enfin tout ce que je peux voir. J'adore le mensonge par exemple, chez les gens. Parce qu'il y a forcément un message derrière le mensonge alors j'adore découvrir ce qui se cache... »*
(Stéphanie)

Au delà de la relation individuelle, se situe également l'action collective menée en partenariat avec des collègues d'horizons parfois divers et qui laisse toute la place à l'imagination et à la création :

*« C'est un métier où il y a beaucoup de plaisir et où aussi on crée beaucoup. Je pense aux actions collectives, aux projets qu'on peut mener avec des partenaires en commun sur les secteurs, je pense que si on aime ça et moi j'aime ça, et si on veut s'en donner les moyens, on peut créer, développer des actions, innover. C'est un métier où ce n'est jamais la même chose. Il y a un côté créatif qui ressort dans le social. Et ça aussi, en tous cas je le fais avec beaucoup de plaisir. J'aime ça quoi. »*
(Manon)

Créer, inventer, innover, représentent une action dynamisante, organisée dans une espèce de spirale aspirante qui va tirer le travail social « vers le haut ». Mais les professionnelles peuvent également être tenues de créer et innover parce que le cadre de la société est trop contraignant ou restrictif et ne leur permet pas d'y trouver les réponses adaptées. Elles vont alors appeler ça « du bricolage » comme Sygrid le fait avec une certaine amertume :

*« Moi qui aimais bien l'aspect connaissance des dispositifs, je suis servie, parce que je fais du bricolage, j'utilise les dispositifs comme il ne faudrait pas mais de toutes façons j'ai pas trop le choix... par rapport aux malades alcooliques, je suis toujours dans le bricolage. Il n'y a plus un mécanisme où les gens rentrent dans les clous parce que c'est plus adapté donc. Je prends un petit bout de machin, faut voir au quotidien comment on se débrouille... et donc là je trouve qu'on est face à une population de plus en plus abîmée, de plus en plus précaire, et problématiques de plus en plus lourdes et multiples. Ça explose un peu partout et puis rien à mettre en place quoi. J'aime l'art contemporain mais dans le métier, la créativité là je me sens un peu en difficulté parce que on sait plus quoi faire ; c'est toujours « dites-moi de quoi vous avez besoin je vous dirais comment vous en passer. »* (Sygrid)

Pour compléter cette idée de bricolage, Sophie emploie le mot « système D » pour illustrer l'aspect diversifié de son métier mais également en montrer l'aspect créatif en terme positif :

*« Je définirais le métier comme un gros système D, beaucoup de côtés relationnels, du self contrôle, un métier très riche. Très riche parce que tu peux toucher à tout, tu peux faire de tout.*

> *En polyvalence t'es un petit peu le généraliste du médecin, et puis en spécialisé ben t'es un spécialiste qui va plonger dans une législation spécifique mais ce qui reste à la base, c'est un métier de système D quoi… savoir se renseigner, chercher le meilleur, partout, en tout, et puis positiver quoi. On a la chance d'avoir un métier hyper ouvert. (…) La richesse d'apprendre plein de choses, parce qu'en fait j'apprends plein de choses. »* (Sophie)

Catherine parle même du travail social comme d'un art, et l'art c'est non seulement créer, mais c'est aussi avoir la maîtrise de son savoir-faire, en utilisant tous les outils à sa disposition qui lui ont été transmis par la formation ou par son expérience professionnelle. Cette vision du travail social implique de ne pouvoir éprouver du plaisir dans son travail qu'au terme d'un certain « accomplissement » ?

> *« Le travail social c'est un art et le moyen d'exprimer son art, c'est là les outils dont dispose l'AS avec sa personne. A chaque fois elle a la possibilité de créer une relation unique. Et je crois vraiment que c'est la richesse du boulot. Donc elle y met les ingrédients qu'elle peut mais en sachant qu'elle générera, c'est vrai que si elle est agressive, elle générera de l'agressivité, si elle est détendue, cool et qu'elle peut permettre à la personne en face de rire aussi, la personne elle s'en sentira que mieux de savoir qu'elle peut rire aussi avec l'AS. »* (Catherine)

Etre en position d'acteur permet à l'assistante sociale d'exprimer son potentiel de créativité et d'innovation, issu de sa personnalité, de sa formation ou de son parcours professionnel et de soutenir son plaisir dans l'action qu'elle mettra en œuvre.

g. On a du plaisir quand ça marche

Le sentiment de « faire du bon travail » revient au cours des entretiens avec les professionnels comme un motif de plaisir dans son travail. On fait du bon travail quand « ça marche ». L'assistant social, comme Francis, estime faire du « bon travail » quand il est content, à partir du moment où il a un certain succès dans son travail, lorsqu'il obtient ce qu'il a demandé pour les familles dont il a exposé la situation auprès des instances ad hoc :

> *« Même les gens pensent à tort s'ils ont l'aide, d'avoir l'aide ou pas l'aide qu'ils sollicitent c'est l'assistante sociale quoi… ben non, c'est des commissions, après à nous de bien manager notre truc et de bien faire le nécessaire. Mais bon, c'est ça que j'aimais bien en polyvalence. J'ai eu quelques succès par rapport à ça. J'veux dire j'en suis vachement content, j'en ai parlé y a pas si longtemps que ça… Quand t'arrives à obtenir le truc, t'es vachement content. Quand t'as l'Attaché au tel et qu'il veut pas, que tu arrives à obtenir le truc, t'es vachement content, tu fais avancer, et puis y a l'usager et puis, ouais ça, c'est vachement… »* (Francis)

Marie estime faire du bon travail dans la mesure où elle va faire « de son mieux », où son investissement, ce qu'elle a donné à la personne qui se trouve en face d'elle, va se transformer en positif pour cette dernière :

> *« Je pense que ce que j'ai vraiment beaucoup aimé dans mon travail c'est les moments où heu... tu sentais qu'il se passait quelque chose pour la personne que t'avais en face de toi, c'est à dire heu... quoique ce soit, d'ailleurs hein, mais heu...où tu sens que le travail que t'as mené avec la personne ça a abouti à quelque chose. (...) Moi le travail, il y a je trouve un plaisir qui est de la même nature que le plaisir qu'on éprouve, que j'éprouve en faisant du footing, bon, à ma dimension, à ma mesure, mais dans le sport et tout ça ou ailleurs, qui est le plaisir de s'investir dans quelque chose, de donner, tu vois, de faire de son mieux, ce plaisir-là tu vois.* (Marie)

Sygrid va avoir du plaisir dans son travail à partir du moment où ce qu'elle aura réalisé prendra tout son sens à la fois pour les personnes qui seront venues la rencontrer mais aussi pour elle-même, dans la mesure où il y a une réussite :

> *« Quand on trouve du sens c'est plaisant. Faire un entretien, on est content parce qu'on a senti que on l'a bien mené, ou alors qu'on a semé des trucs et que trois entretiens plus tard, les gens reviennent en disant « j'ai bien réfléchi à ce que vous m'avez dit là, ben j'ai essayé ça et ça marche !» je sais pas si c'est du plaisir, mais c'est de la satisfaction. Ce n'est pas loin. »*

C'est ce même plaisir que peut éprouver Edith lorsqu'elle a le sentiment d'avoir participé à l'évolution des personnes qu'elle rencontre, lorsque son intervention a « permis » cette évolution.

> *« C'est intéressant de se dire qu'on a un petit grain de sel qui a permis ça aussi quoi. On pu permettre à un moment donné que ça évolue un petit peu. Même si ce n'est pas grand'chose, même si c'est des tout petits pas, je les apprécie. (...) On s'est dit bon c'est peut-être notre boulot qui a permis ça aussi quoi. Et ça c'est les aspects positifs je crois, du travail, la richesse qu'on peut en ressortir, même si c'est des petites avancées. Faut se contenter de peu je pense. »* (Edith)

Etre content d'avoir réussi, d'avoir obtenu, n'est-ce pas avoir le sentiment de détenir un tant soit peu de pouvoir sur les événements et les choses et se donner en même temps le pouvoir d'être reconnu dans ce que l'on fait.

### h. Etre reconnu

Que signifie « être reconnu » ? Etre reconnu recouvre une notion floue car variant d'un professionnel à l'autre et s'appuyant sur des items tout aussi diversifiés que les personnes interviewées elles-mêmes. Pour Catherine, la recherche d'une certaine reconnaissance irait de pair avec une insatisfaction dans son travail ?

> « Alors cette reconnaissance dont on parle tout le temps et qui a toujours… finalement depuis l'origine de la profession on en a parlé, donc, bon moi je ne sais pas de quelle représentation il s'agit. De quelle reconnaissance, oui. Quelle reconnaissance, oui ? Je ne sais pas qui en parle, qu'est-ce que ça veut dire quand on dit ça ? Je pense que les gens qui sont bien dans leur boulot, ne se posent pas la question de la reconnaissance… » (Catherine)

La reconnaissance, finalement, serait quelque chose que tout le monde attend plus ou moins mais dont personne ne sait ce qu'elle recouvre vraiment parce qu'elle a une signification propre à chacun :

> « Et puis je ne sais pas ce que l'on peut mettre sous le mot « reconnaissance » voyez (…) quand son travail est reconnu c'est bien, mais je ne vais pas chercher plus loin. » (Françoise)

La reconnaissance dans le domaine professionnel peut se poser en terme de recherche identitaire.

> « Le plaisir dans le travail social c'est le plaisir d'être avec les gens quoi. Et puis il y a tout le côté dont on a pas parlé, il y a le côté de se sentir important, de se sentir utile, qu'on a dans ce travail là. C'est de l'ordre de la reconnaissance là. Je pense que ça peut être important aussi ça… » (Hélène)

Le besoin de reconnaissance se pose comme un besoin participant à la construction de l'identité sociale.

> « Bon d'un côté je trouve que c'est très narcissique parce que… que ce soit le bénévolat ou des métiers du social ça répond sûrement chez nous à du narcissisme où on a envie d'être gratifié, où on a sûrement besoin d'être reconnu en quelque chose. Je pense qu'il y a de ça. Y a beaucoup besoin de reconnaissance. » (Marianne)

Etre reconnu, pour le professionnel, peut être lié au sentiment qu'il a réalisé ce que l'on attendait de lui que ce soit en terme de mission, d'objectifs ou même de comportement. Le plaisir qu'il en éprouve peut être autant lié à la qualité de son travail qu'à la reconnaissance dont il a bénéficié.

Francis était heureux d'être reconnu comme un professionnel alors qu'il n'était pas encore diplômé :

*« Etre considéré comme professionnel même si je n'avais pas le DE, c'était je ne sais plus... assistant social stagiaire ou je sais pas quoi, enfin y avait une dénomination un peu ambiguë mais qui laissait penser que c'était quand même un professionnel en poste quoi ! Bon, je pense que le boulot qu'on pouvait attendre d'une personne... c'était sympa... »* (Francis)

Etre reconnu c'est être au clair avec son institution employeur en terme de missions. Au sein d'un service pluridisciplinaire, c'est être reconnu dans son identité professionnelle:

*« Je suis reconnue dans l'établissement, le service social ici est reconnu dans l'établissement, ils savent ce qu'on fait, ils savent faire appel à nous. »* (Françoise)

Travailler dans un contexte agréable est une source de plaisir non négligeable, un contexte agréable signifiant à la fois avoir la confiance de ses chefs et de ses collègues :

*« Mais moi je trouve que ça c'est une dimension hyper importante quoi de... d'installer un climat de travail qui soit un climat où tu te sentes respectée, où on reconnaît ta valeur, et puis où tu peux donner le mieux de toi-même, ça ne passe pas inaperçu, c'est reconnu, bon pas par le fric, parce que c'est pas des boîtes où y a beaucoup d'argent, mais c'est à la limite (...) la possibilité parfois de dire « oh lala, je viens d'avoir un entretien hyper difficile euh... excuses-moi mais j'ai vraiment besoin d'en parler, t'aurais 5 mn pour parler de ça avec moi », tu vois, juste des moments comme ça, ben ça c'est... moi je trouve ça bien ! Ça fait partie de pouvoir travailler dans des circonstances agréables, d'avoir du plaisir au travail, puis évidemment euh... l'humour et puis pouvoir plaisanter tu vois, en réunion, pas être euh... »* (Marie)

Avoir la confiance de ses collègues au travers de relations sincères c'est aussi bénéficier de leur reconnaissance :

*« Et puis le plaisir au travail ça joue beaucoup sur la nature des relations entre collègues, et je trouve que... c'est hyper important de pouvoir avoir des relations de confiance entre collègues, des relations de sincérité, si tu vois, « ce que tu fais là ça me plaît pas » tu vois pouvoir se dire ces trucs là, heu... pouvoir avoir de la sincérité, de la liberté, et puis de la confiance entre collègues, ça moi je trouve que...avoir de la reconnaissance entre collègues aussi parce qu'on a pas tjrs de la part des gens qu'on accompagne, ou même de la part des étudiants, avoir de la reconnaissance, de dire « c'est bien ce que t'as fait là, tu vois » entre collègues, ça pour moi, tout ça, ça contribue au plaisir du travail.»* (Marie)

Le regard « bienveillant » posé par les chefs de service, engage d'abord les professionnels à avoir confiance en eux-mêmes et à réussir dans ce qui leur est demandé.

*« Je l'ai vécu un peu comme un défi et une confiance qu'il avaient en moi, de penser que j'étais à la hauteur, ben ça donne des ailes puis on se ramasse pas quand on nous fait confiance en fait, c'est ça la clé hein ? On vous fait confiance ben on démarre, j'ai pas regretté. »* (Chantal)

La reconnaissance peut se présenter sous des formes diverses. Francis a eu le sentiment d'être reconnu lorsque ses supérieurs lui ont proposé de rester sur le poste sur lequel il était venu faire un remplacement.

*« On me disait « si tu veux tu peux rester »... quand même ! Quelque part c'est... je vais pas dire flatteur... mais on considérait que t'avais bossé à peu près comme il faut quoi, quand on te propose de rester ! »* (Francis)

La reconnaissance serait donc à la fois une cause de plaisir et une résultante du plaisir éprouvé dans le travail, une sorte de « récompense » d'une certaine implication dans son travail. Stéphanie a bénéficié de cette reconnaissance lorsque ses chefs lui ont demandé de présenter le projet dans lequel elle s'était investie :

*« Tu vois, pour les mesures de réparation, mon chef de service m'a demandé d'aller présenter ce projet aux élus de la municipalité. Tu vois là, il y a vraiment un sentiment d'appropriation du projet et tout le bazar... et de reconnaissance, aussi du coup ! J'avais bien étayé mon truc, c'est vrai qu'après ils étaient bien convaincus que c'était un aspect pénal hyper intéressant et qu'il fallait foncer. C'est plutôt élogieux d'être reconnu comme ça ! »* (Stéphanie)

Pour d'autres personnes interviewées, se voir refuser la requête sollicitée est vécu comme une absence de reconnaissance de la part des supérieurs hiérarchiques, surtout lorsque les professionnels ont le sentiment d'avoir réalisé une évaluation complète de la situation. De ce refus il va en résulter un questionnement technique qui peut être remotivant, mais également parfois une dévalorisation possible de la part du professionnel quant à la qualité de son travail. Se retrouve ici le risque de déséquilibre professionnel :

*« Je pense qu'on manque de reconnaissance. On souhaiterait plus de reconnaissance. C'est vraiment en terme de reconnaissance humaine véritablement. Et puis d'être entendu, c'est à dire par exemple quand je parlais du travail sur la protection et la mesure d'accueil provisoire, il y a un moment donné où je me dis « mince, ma hiérarchie ne reconnaît pas mon évaluation, c'est-à-dire qu'il faut un accueil, sinon on va se retrouver dans une situation vraiment de protection grave. » Bon on peut dire que c'est plus un manque d'assistantes maternelles, mais il y a des fois où je me dis j'ai pas été entendue alors est-ce que j'ai pas suffisamment dit, est-ce que j'ai pas été jusqu'au bout, je ne sais pas. »* (Edith)

Par contre, c'est peut-être en lien avec la relation et l'échange qui y naît, que les professionnels rechercheront la reconnaissance du public. Cette reconnaissance là est peut-être celle qui est ressentie comme la plus sincère pour les professionnels, parce que directement issue de leur relation à l'autre et représentative d'une certaine réussite, du contre-don (qui s'inscrit dans le recevoir) :

*« Et puis par rapport aux personnes je trouve qu'on a un peu plus de reconnaissance, surtout en milieu rural. Ça m'est arrivé d'aller régulièrement chez les gens, c'est pas des grands mercis etc. mais dans les yeux on lit des choses, ou des gens qui, en échange vont vouloir donner un kilo de pommes de terre, des choses comme ça, qui sont en soi pas très importantes mais ça veut dire qu'on a une place, qu'à un moment donné il y a quelque chose qui est passé. Et ça c'est quand même important. Et puis c'est vrai qu'il y a encore beaucoup de gens qui ont une vision de ce qu'est l'assistante sociale, comme voleuse d'enfants, comme ceci, comme cela. »* (Edith)

Pour certaines personnes interviewées, la reconnaissance ne peut provenir que du public ou de partenaires qui côtoient le service social. La méconnaissance de ce métier pourrait expliquer un certain manque de reconnaissance :

*« Ça évolue en fonction des politiques sociales etc. mais, peut-être j'espère que ça évoluera par plus de reconnaissance, reconnaissance de cette profession, relativement méconnue pour les gens qui n'ont pas à faire aux AS. Ah t'es assistant social, tu fais quoi, tu fais les dossiers administratifs machin ? Je ne touche jamais un dossier COTOREP. Je ne touche jamais, je ne fais aucun administratif moi. Je fais rien de tout ça, ça aussi ça me plaît, c'est pas partout pareil dans les équipes. Je dois dire que ça me plaît, ouais ça va m'éclater ! »* (Francis)

Pour d'autres professionnels interrogés, l'évolution de la reconnaissance du métier d'assistant social en terme négatif, tient à l'évolution de l'absence de reconnaissance par les personnes qui rencontrent le service social, dans un contexte de changement de comportement du public envers lequel « tout serait dû ». Mais peut-être cette évolution négative n'est-elle que le résultat d'un besoin trop important de reconnaissance de la part des professionnels eux-mêmes ?

*« Les métiers ont évolué et je pense que la reconnaissance du métier évolue d'une manière négative. Je trouve qu'au début que je travaillais, notamment en secteur, je dis pas qu'on doit être là pour être remerciée ou bénie, mais il y avait des personnes qui même si elles ne faisaient pas grand chose, t'avais l'impression qu'ils reconnaissaient que t'avais fait quelque chose de bien pour eux. C'était par des tas de petits signes pas forcément un remerciement par cadeau ou autre mais tu sentais quelque chose quoi.*

*Alors que dans les dernières années, j'avais vraiment l'impression que tout était dû. Et ça c'est forcément déplaisant parce que les gens ne peuvent pas s'en sortir si tout est dû. J'avais l'impression que c'était plus ça. Penser que tout est dû c'est quelque part abandonner l'idée de te battre quoi. Donc ça ce n'est pas bon. (...) La reconnaissance je pense que c'est important quand même mais bon ça peut être aussi un défaut hein, je pense que j'attends trop sûrement des fois.* » (Sophie)

Edith, pour sa part, se défend de trop attendre de reconnaissance de la part du public, de peur d'être trop déçue de ne pas en avoir ?

« *Au niveau de mon secteur, je pense que j'en ai quand même un peu de la reconnaissance. Et puis faut pas faire ce métier-là uniquement pour ça parce qu'alors là effectivement... c'est pas la peine !* » (Edith)

La reconnaissance c'est ce que l'on reçoit en retour en terme de récompense et également en matière de rétribution et d'avantages annexes. L'amertume naît de l'absence de reconnaissance par la société du caractère pénible de la profession. La rétribution serait-elle inversement proportionnelle à la contribution ?

« *Je trouve qu'on est loin d'être reconnu. Déjà je trouve incroyable qu'on ne soit pas reconnu au niveau maladie professionnelle parce que je pense qu'il y a beaucoup d'AS qui dépriment et je trouve que c'est un boulot qui est difficile donc je trouve qu'il devrait y avoir quelque chose pour tenir compte de ça. Y a pas suffisamment de supervision, pouvoir décharger les situations difficiles, pouvoir un petit peu vider son sac, il y a peu de lieux pour le faire, en général pour les assistantes sociales. Et puis reconnaissance au niveau salaire, je ne comprends pas que les AS soient catégorie B. Nous on a une différence avec les enseignants, même en étant catégorie A, en tous cas dans l'Education Nationale, un salaire d'AS c'est misère quoi. C'est clair. Bon les collègues elles démarrent en tant qu'AS contractuelle c'est dans les 7000 F quoi, après trois ans d'études après le bac, un mémoire, tout ça, et puis un métier qui est difficile aussi, faut le reconnaître ! Qui a ses avantages mais qui a aussi ses inconvénients. Donc oui, moi je trouve qu'il y a un manque de reconnaissance par rapport à ça.* » (Béatrice)

Peu de professionnelles interviewées ont exprimé avoir des attentes en terme de rétribution. Peut-être est-ce un signe de désillusion ? Et la désillusion, c'est peut-être la prise de conscience que la reconnaissance ne viendra que de ses pairs ou des personnes qui côtoient le service social, la reconnaissance ne viendra pas de l'extérieur.

Mais la désillusion ne signifie pas accepter ce « revers de la médaille » :

« *Je trouve qu'on n'est pas reconnu comme il faudrait. Ce sont des études où malgré tout y a un mémoire, y a tout ça, bac+2 je trouve ça grotesque, sachant qu'en plus on passe plus de temps en cours que quelqu'un qui prépare une licence.*

*Et voilà, je trouve que c'est un métier où il y a d'énormes risques. (...) on démarre en gagnant 1200 € par mois, avec une reconnaissance très très moyenne, c'est pas très valorisé assistante sociale hein, on est quand même moyennement aimée par la population, on se tape des casseroles sur l'image de la représentation de l'AS, phénoménales, je ne sais pas s'il y a une profession où on peut dire autant de conneries ou je ne sais pas si on ne sait pas se vendre. (...) Je vois bien, alors je me dis là c'est l'image de l'assistante sociale quoi. Guichet à fric ou toujours voleuse d'enfants. Donc je trouve que c'est un déficit d'image qui est important, malgré tout. Moi je travaille sur un plan individuel, je travaille dans une institution où on est reconnu. Où on n'est pas la cinquième roue du carrosse. Je ne me sens pas méprisée quoi. Mais globalement, il y a un déficit de reconnaissance. »* (Sygrid)

La diversité des points de vue quant à la reconnaissance attendue est le reflet des personnalités, des équilibres et des moments vécus comme plaisir dans le travail, qui, bien qu'individualisé n'est pas pour autant solitaire.

4- Le plaisir au travail

a. Les collègues

Les collègues, la vie d'équipe sont des sources de plaisir souvent citées par les personnes interviewées.

Pour Marianne c'est même un critère qui a penché en faveur du choix de son poste de travail :

*« On m'avait proposé plusieurs secteurs et ce qui m'a fait choisir c'est l'esprit d'équipe qui... qu'on sentait quoi. J'en avais entendu parler, l'occasion de rencontrer deux ou trois personnes et c'est vrai que... et puis la façon même dont j'ai été... il y avait quelque chose qui me motivait là-bas plutôt qu'ailleurs, donc ça a été un choix. (...) L'ASE ça me plaisait bien en plus sur un secteur qui me plaisait avec une équipe qui a priori je savais que ça pouvait le faire. C'est vrai que je connaissais aussi... j'avais eu un entretien avec le responsable avec qui j'avais travaillé auparavant aussi quoi... pouvoir le retrouver dans un autre cadre... ça me plaisait bien quoi. Ça s'est bien goupillé quoi. Donc au départ, là j'ai trouvé ça, je sais pas, c'était un démarrage assez agréable quoi. »* (Marianne)

La découverte d'une vie d'équipe est source de richesse lorsqu'on découvre qu'on n'est plus seul face à des situations difficiles, qu'elle permet d'échanger sur des situations :

*« C'est la première fois finalement que je travaille en équipe. Alors ça c'est super quand heu... quand ça chauffe trop là-haut quoi, ou y a des choses on sait pas comment prendre la situation...* (Frédérique)

La convivialité d'une équipe favorise également l'intégration d'un nouveau professionnel, intégration peut-être un peu plus difficile si l'on est un homme qui intègre un milieu de femmes ?

> « *Accueil vachement sympa... moi je m'en souviens encore hein ! Bonne intégration dans l'équipe... je me suis bien intégré dans l'équipe. (...) C'est vrai qu'un mec dans l'équipe ça... c'est sympa... avec des nanas sur ce centre, j'étais le seul mec en tant qu'AS... moi je trouve ça important qu'y ait une pluralité quoi (...) c'est que c'est quand même un métier essentiellement féminin encore, excuses moi de dire cela comme ça, ce qui est lié aux représentations. Parce que moi, je suis bien persuadé c'est bien que ça s'ouvre, qu'il y a des hommes dans chaque profession... c'est enrichissant.* » (Francis)

Chantal se souvient également de l'importance d'intégrer une équipe de travail quand on est jeune professionnelle. C'est une étape un peu « initiatique », une période où l'on doit faire ses preuves, mais où l'équipe qui accueille est un peu « protectrice » pour le nouvel arrivant :

> « *Donc y en avait une qui travaillait je crois depuis une dizaine d'années et puis une toute jeune qui avait été embauchée une année ou deux avant que moi j'arrive. Ça faisait une équipe très équilibrée en tranche d'âge et y avait une bonne ambiance, c'était drôlement rassurant au contraire parce que c'est vrai que j'arrivais dans une grosse entreprise on était 11 000 ici quand je suis arrivée mais en même temps y avait une bonne équipe parce que 4 A.S, je faisais la quatrième et c'était génial. Y avait à la fois la jeune qui pouvait me donner des conseils « moi l'année dernière quand j'ai commencé etc. » puis à la fois celle qui avait déjà du recul qui pouvait me dire « ben faites attention, méfiez-vous de telle personne, il est manipulateur, enfin... » Très très riche hein, d'ailleurs j'ai jamais eu à le regretter.* » (Chantal)

La relation qui s'établit entre un professionnel et son équipe d'appartenance, est de la même nature que la relation duelle. Pour Sygrid, l'échange qui naît de cette relation va apporter en retour une certaine reconnaissance, de nouvelles connaissances, une émulation pour qui engagera le professionnel à y poursuivre son investissement. C'est également une forme de plaisir :

> « *Moi j'ai vraiment l'impression d'avoir ma place dans l'équipe pluridisciplinaire, d'être respectée et écoutée dans mon travail, c'est important. Et puis d'apporter quelque chose, donc ça c'est un point positif. (...) C'est un métier où on travaille en équipe, où on vit des choses fortes en équipe, où j'apprends sans cesse des choses du fait du travail en équipe, où je suis au cœur de la société, où je sais ce qui s'y passe, je n'ai pas l'impression d'être bernée d'illusions. Et ça, ça me plaît.* » (Sygrid)

Par défaut, l'absence de collègues est vécue parfois assez douloureusement car les professionnels sont alors privés de cet échange nécessaire :

> *« Je quittais le travail d'équipe et je me retrouvais toute seule. Toute seule au niveau du travail que je faisais quoi. Toute seule comme AS quoi. Et là le travail me plaisait bien mais c'est vrai que j'étais trop seule quoi. Je me faisais un peu chier quoi.* (Hélène)

Frédérique a vécu douloureusement cette solitude vécue au début de sa vie professionnelle. Mais les choix qu'elle a dû faire à cette période pour compenser cette absence d'échange et de relation d'équipe lui ont appris à travailler seule et à « serrer les dents », sans pouvoir s'épanouir :

> *« J'ai les collègues qui géographiquement travaillaient où se situait l'usine où moi je travaillais mais jamais... j'étais la plus jeune, je sortais de l'école, tout le monde... je sortais de ma province, là... jamais une seule de mes collègues n'est venue me voir. Jamais. (...) Sur le plan résistance psychologique, la solitude c'est pesant dans ces cas-là. Et jamais une de mes collègues ne m'a donné un coup de mains, ne m'a téléphoné, ne serait-ce que pour demander « comment ça va ? » Je ne leur en tiens pas rigueur parce que j'ai serré les dents, je me suis faite, j'aurais peut être pas fait ou j'aurais peut être pas continué si... elles m'avaient aidé ou cru qu'elles m'avaient aidé... parce que à un moment on a fait un choix et puis on y va quoi. C'était mon choix, je suis allée jusqu'au bout, je suis pas du style à baisser les bras. »* (Frédérique)

Les collègues et la vie d'équipe sont souvent facteurs d'intégration et de convivialité lorsqu'elles offrent un cadre sécurisant dans le respect de l'identité et de l'autonomie de chacun.

### b.   Liberté et autonomie

L'aspect liberté du métier d'assistante sociale va s'exprimer sous différentes appellations. Les professionnels interviewés parleront de liberté bien sûr, mais aussi et le plus souvent d'autonomie et de marge de manœuvre.

La liberté est d'abord exprimée en terme de variété de lieux d'exercice de la profession. C'est un seul diplôme qui permet de travailler dans des institutions différentes.

> *« C'est vraiment un métier intéressant, qu'au niveau relationnel c'est très riche, en plus on peut exercer dans plein de domaines différents, ce qui est vraiment bien parce que je trouve que l'avantage d'être assistante sociale avec un seul diplôme je trouve qu'on peut exercer plein de métiers différents, je trouve que c'est pas le même métier quand on est AS de secteur, AS en hôpital, et ça je trouve que c'est un atout du diplôme d'Etat d'assistante sociale. »* (Béatrice)

C'est un métier qui paraît très attirant pour l'espace de liberté, de variété et d'imprévu qu'il offre, cet aspect là semble offrir beaucoup de plaisir :

*« J'ai également choisi ce métier là pour les facilités d'accès à l'emploi. C'est un diplôme, un sésame pour l'emploi, et il faut dire qu'il y a très peu de diplômes et de formations qui permettent cet aspect là, c'est énorme. (…) C'est un métier où on ne s'ennuie pas, ça c'est sûr, c'est un métier, surtout en milieu hospitalier où quand j'arrive le matin, je ne sais jamais ce que je vais vivre quasiment dans la journée. Donc ben moi j'aime bien ça. »* (Sygrid)

C'est un diplôme qui permet de préserver sa liberté et de pouvoir quitter un employeur lorsque l'heure de la rupture a sonné.

*« Je trouve que c'est un métier où même s'il y a des moments où tu peux être usée, par rapport à une branche professionnelle, ou un poste précis, tu peux quand même changer, il y a quand même une large palette d'emplois. T'as une sacrée liberté, tu peux travailler dans plein de domaines. C'est énorme. Un instit il est instit, il va rester instit. Il aura toujours une classe devant lui… il n'y a pas beaucoup de solutions. Une AS tu peux bosser en entreprise, dans l'insertion des adultes, dans l'insertion des personnes handicapées, tu peux bosser dans une banque, enfin c'est hyper large et à chaque fois c'est différent hein. T'as une base qui reste mais t'as l'impression de changer de métier à chaque fois. »* (Sophie)

Paradoxalement, c'est le cadre fixé par l'employeur, c'est-à-dire le cadre institutionnel juridique, économique ou social, qui va déterminer le degré de liberté de l'assistante sociale.

*« La seconde entreprise c'était plus évolué, c'était un commerce, un négoce de matériaux de construction, en Île de France (…) y avait pas de médecin, y avait des… 35 je crois, succursales. J'allais sur toute l'Île de France, donc y avait pas de médecin unique, y avait pas de service médical, donc on travaillait dans la prévention, CHSCT, et j'allais au CE aussi, donc c'était intéressant et puis j'avais accès directement avec le PDG ou le chef du personnel, c'était mes deux interlocuteurs, donc c'était encore une autre approche. Là j'avais vraiment les coudées franches ».* (Frédérique)

Ce n'est qu'à l'intérieur de ce cadre, que l'assistante de service social va trouver l'espace pour pouvoir exprimer toute sa créativité :

*« Comme on a beaucoup de liberté on est du début jusqu'à la fin du projet c'est à dire qu'on écrit ensemble le projet, la mission qu'on propose, comment on se positionne. Les espaces rencontre ne fonctionnent pas tous pareil.*

*Par exemple nos prérogatives c'était : aucun rapport écrit au juge ou aux travailleurs sociaux, sinon on ne peut pas être dans la relation la plus vraie. Dans les mesures de réparation on a des concepts particuliers qui ne sont pas écrits dans la loi, mais la largeur de la loi permet que tel ou tel service puisse se positionner comme ça. Donc en fait on est toujours impliqués dans tout ça et après on applique. Donc ça correspond bien en fait à mon profil de vie. C'est une liberté que j'apprécie, d'avoir un projet et si ça correspond à l'optique de l'association, pouvoir le mener. (...) Toujours on va essayer d'aller vérifier des choses si c'est faisable ou pas, alors on va nous dire non pour certaines choses, mais au moins on aura encore la liberté de pouvoir penser à des hypothèses de travail. C'est le sentiment de liberté. C'est ce qui fait que je suis restée dans le même service depuis le début parce que ça évolue tout le temps. »* (Stéphanie)

Le cadre employeur qui fixe les limites de l'intervention de l'assistante sociale lui donne accès à une part de liberté en lui donnant des responsabilités, en lui confiant une mission de représentation et donc de confiance :

*« Quand on est sur le terrain justement, ben t'es libre, tu es avec la personne, je trouve qu'on a des marges de manœuvre, je me sens encore assez libre, je pense qu'on a encore pas mal de marge de manœuvre, je trouve que l'institution pour laquelle je travaille nous reconnaît la capacité à la représenter et je trouve ça quand même plutôt pas mal. Donc quelque part quand on te donne une responsabilité, moi je trouve que ça donne aussi une liberté. Je l'assimile plus facilement à de la liberté. »* (Marianne)

La liberté n'est pas un monobloc, Stéphanie distingue plusieurs niveaux de liberté dans différents domaines.

*« Je me sens libre dans les missions, un peu moins libre dans les conditions de travail, très libre dans la pensée. Je me sens libre parce que si j'ai une idée, je peux l'émettre, je peux la soumettre, elle peut être entendue. La mesure de réparation, on nous dit, il faut effectuer une mesure où le jeune va se réapproprier la loi, en tant d'heures et vous nous direz si la mesure est réalisée. Se réapproprier la loi, c'est tellement flou et vaste que je peux mettre tout le contenu que je veux. Se réapproprier la loi, c'est à dire qu'ils prennent conscience que la loi existe, qu'il prenne conscience de la nature de ses actes, qu'il répare auprès de la victime, ou de la collectivité. Comme ça c'est vaste, ça me laisse toute la liberté. »* (Stéphanie)

La période qu'Hélène a vraiment appréciée dans son travail, ce sont les années passées dans un poste où elle avait toute latitude et autonomie, ce qui facilitait l'expression de sa créativité et de son plaisir au travail :

*« Quatre ans ½ là, il a duré ce poste là, j'aimais bien. C'était intéressant parce qu'on innovait. (...) J'aimais bien parce que t'avais de l'autonomie, tu pouvais avoir de l'initiative, on t'encourageait en tous cas.*

*Et puis t'avais à développer tout un réseau de différents partenaires avec l'hôpital, les circonscriptions, les médecins, et puis ça allait vite… c'était très très dense au niveau contacts, et puis la population était très sympa en plus, population bénéficiaire du RMI, personnes dépendantes, moi j'adorais parce que c'était fort quoi… et puis à l'époque en plus j'étais célibataire, libre comme l'air, je comptais pas mon temps, donc c'est vrai que t'avais le temps de t'impliquer, enfin j'avais le temps, je m'éclatais bien au travail quoi, c'est vrai. Donc ça j'ai bien aimé. »* (Hélène)

Chantal explique d'ailleurs, que liberté ce n'est pas forcément synonyme de faire n'importe quoi, mais plutôt de pouvoir bénéficier d'une latitude dans ce qu'elle va plus ou moins travailler en terme de connaissances :

*« Quand je dis « je fais ce que je veux », ça veut pas dire que je fais quand j'ai envie ou je fais n'importe quoi, ça veut dire « je fais tout ce qui m'intéresse.» et comme je pars du principe que tout m'intéresse, si on vient me demander, j'ouvre le champs. Et c'est ça qui est intéressant. Je peux apprendre quelque chose que je ne sais pas. »* (Chantal)

Le sentiment de liberté peut également s'épanouir dans un contexte varié tant au niveau des missions que du public et des tâches confiées, ce qui évite la sensation de « routine » qui peut s'installer dans ce métier comme dans d'autres lorsque l'on connaît bien les tâches que l'on effectue :

*« Ben si tu veux, le fait que moi j'aime le contact, j'aime beaucoup ce qui est relationnel, il est évident que c'est un métier dans lequel je trouve mon compte parce que je suis tous les jours en contact avec des gens. En plus où je suis j'ai à faire à un public très très varié. J'ai des gens très riches, j'ai des gens très pauvres, des gens jeunes, des gens moins jeunes, c'est pour de l'accident de travail, c'est pour de la maladie, c'est pour de la dépendance vieillesse, c'est pour de l'insertion professionnelle, c'est très très varié donc du coup c'est un avantage, t'as pas du tout l'impression d'une routine en fait. »* (Marianne)

Mais la solitude est-elle le prix à payer pour connaître la liberté ? La liberté sur le plan technique implique une lourde responsabilité à porter souvent seul :

*« Moi je trouve que quand on a une bonne argumentation, on travaille dans une relative liberté, enfin moi je me sens assez libre. J'en parle souvent avec les collègues du secteur, avec les collègues d'autres institutions, parfois plus lourdes, et qui malgré tout ne le vivent pas comme nous quoi. Notamment je signe les signalements, c'est suite à une synthèse, un travail d'équipe, bien sûr, mais en même temps si je suis la seule à vouloir le faire, je le fais. Personne ne va pouvoir me dire non. Mais d'un autre côté c'est un prix à payer, on est tout seul, on est tout seul.*

*L'autonomie ça me convient bien, de pouvoir s'organiser avec les collègues, tout ce qui est congés et compagnie, pouvoir se dire ben moi hier j'ai fait deux heures de plus, on s'organise comme ça entre nous et je trouve que c'est une souplesse que je trouve bien. Y compris sur le plan technique. »* (Sygrid)

Pour Stéphanie, cette liberté qui lui est offerte est tellement large qu'elle est proche de l'indépendance et de l'absence de lien qui la raccroche à son institution. Aussi la contre partie se situe dans la solitude :

*« Au niveau de mon organisation de travail personnel j'ai une grande liberté, j'ai un contrat de travail qui me permet d'osciller entre 31 heures et 42 heures semaine. Donc par exemple moi j'aime bien une semaine pas faire grand chose et une semaine carburer comme une cinglée. Donc je fais des semaines à 31 heures et d'autres à 39 h fixes. Donc ça c'est une liberté aussi. Au niveau de la méthodologie en fait c'est plein de liberté. Au niveau de la mission j'ai plein de liberté, au niveau de l'exécution, j'ai plein de liberté. A l'inverse de ça c'est que des fois on se sent seul malgré tout. »* (Stéphanie)

En parallèle du plaisir que les assistantes sociales connaissent dans la relation nouée avec les personnes qu'elles rencontrent, elles exposent un autre type de plaisir lié davantage au cadre de travail, à l'ambiance partagée avec les collègues.

Travailler avec des collègues au sein d'une équipe va être un critère qui va, par exemple, leur permettre d'orienter leur décision au moment de postuler sur un emploi. L'ambiance de travail va favoriser leur intégration au sein de l'équipe et les sécurisera en leur permettant de ne pas être seule et de pouvoir échanger sur des situations, non seulement en tant que jeune professionnelle mais également tout au long de leur carrière. Les collègues et l'équipe de travail en tant que dynamique de relations et d'échange sont un lieu de ressource et d'enrichissement complémentaire de la relation liée avec une personne aidée.

La liberté est un autre critère de choix professionnel, souvent décliné en choix dans une variété de postes, une organisation personnelle de travail ou en autonomie sur le plan technique. Le risque de l'autonomie est de se trouver seul face à une situation complexe ou une prise de décision qui va engager leur responsabilité personnelle. Paradoxalement, le degré de liberté est fixé par l'employeur, en fonction des missions qui seront assignées à l'assistante sociale. Elle disposera d'une marge de manœuvre dans laquelle elle pourra inscrire son plaisir de créativité.

5- On est content !

Toutes les personnes interviewées nous ont raconté leur meilleur souvenir professionnel comme une situation qui leur avait procuré beaucoup de plaisir, car ils avaient réussi une tâche qui leur était confiée.

Les meilleurs souvenirs racontés par les professionnels se situent exclusivement dans le cadre d'une relation avec une famille ou un individu et parce que leur action avait débouché sur quelque chose de positif pour la personne accompagnée, que ce soit en établissant une communication, ou en redonnant confiance en quelqu'un, ou encore obtenir une réponse favorable à une demande, voire vivre une situation humoristique ; mais aussi envers elles-mêmes dans l'approche de nouvelles connaissances, dans le ressenti de moments forts en émotion. C'est donc bien en étant acteur, que l'assistante sociale pourra enrichir son identité professionnelle, ce qui lui procurera du plaisir dans son travail, et valide notre seconde hypothèse. Elle entre ainsi dans une spirale de plaisir qui la mettra en conditions de vouloir éprouver à nouveau cette émotion. Dans la mesure où ce plaisir est inhérent à son identité personnelle, le contexte de l'évolution du métier d'assistante sociale aura donc peu d'impact sur le plaisir qu'elle va éprouver dans son travail, sauf à supprimer via une technicisation et une évaluation... budgétaire tout ce dont il a été question jusqu'ici.

Tous les souvenirs exprimés sont repris en annexes dans leur intégralité, mais les professionnels ont exposé leur plaisir comme des moments de joie ou d'émotions, avec la fierté d'avoir réussi, mais il est peut-être intéressant de s'arrêter quelques instants sur la notion de plaisir car tous n'en n'ont pas la même approche.

Pour Sophie, et pour se comprendre, il faut parler le même langage, ce qui ne pose pas de difficultés entre assistantes sociales et professionnels du même « monde »... Dès lors que l'on sort de ce contexte et donc de son identité collective, les repères se perdent. A chaque fois que l'assistante sociale va changer d'employeur, elle va être confrontée à se recréer une nouvelle identité, en se redéfinissant de nouvelles marges de manœuvre et de plaisir. Et le plaisir n'a pas le même goût quand on ne parle pas de la même manière :

*« Quand j'étais en polyvalence de secteur ou quand je travaillais pour le Conseil général, on était que des travailleurs sociaux donc on parlait le même langage et je pense qu'on recherche la même chose, normalement. En étant en spécialisé, (...) j'étais envoyée à Paris pour rencontrer les services sociaux des autres établissements pour épileptiques.*

*On a travaillé non stop de 8h le matin à 9h le soir avec effectivement un repas dans l'établissement le soir, repas avec la Direction, les psychiatres etc., repas de travail, et on ne me comptait que 7h de travail en me disant « c'est compté comme une journée d'absence. » j'ai répondu « excusez-moi j'étais pas absente, mais au boulot puisque c'est inscrit dans mon profil de poste, j'avais un ordre de mission d'y aller, et avec une voiture de service, j'ai la chance de ne pas être touchée personnellement par l'épilepsie, je n'y allais pas pour moi mais bien pour apporter quelque chose au boulot donc je ne comprends pas. » et là on m'a dit avec un grand sourire « ça devait quand même bien être agréable ! » j'étais folle ! Ben effectivement, on me revoyait comme quoi c'était bien agréable, oui c'était agréable comme contact, c'est agréable comme moment partagé, et ben ce n'était pas du boulot ! Et ça j'ai pas supporté quoi. (...) Ben parce que c'était agréable c'était pas une plus value alors que justement ce contact pris d'une manière agréable avec d'autres établissements peut aider après dans le boulot, dans le placement d'enfants dans d'autres établissements etc. et puis ça donne une bonne image aussi... (...) Mais c'est comme si parce que c'était fait dans des moments agréables, qu'on avait bien bouffé, qu'on était bien reçus, et qu'on avait échangé avec le sourire et même en riant par moment, c'était pas du boulot. (...) c'est compté que 7h ! Oui, c'était une journée plaisante mais du coup tu la payes très cher ! Et j'ai répondu « mais il faut en chier pour que ce soit reconnu comme heures de travail ! » c'est quand même incroyable quoi ! Mais c'est parce qu'on ne parle pas le même langage, parce que ce ne sont pas forcément que des travailleurs sociaux là autour de nous. Que quand tu es dans une entreprise ça doit être un peu la même chose. »* (Sophie)

Travailler avec plaisir, c'est pouvoir travailler spontanément et sans entrave, c'est de toutes façons être dans l'action, c'est prévoir, échanger, participer, organiser... :

*« avec plaisir parce que je trouve que ça ne me pèse pas, parce que c'est naturel, je ne sais pas comment ça s'est mis au fil des années, mais je me dis justement tant que j'ai ce plaisir là, et le jour où je ne l'aurais plus il faudra que je pense à une reconversion, mais j'ai du plaisir à recevoir les élèves, à passer dans les classes, à prévoir des actions différentes, à échanger, à travailler en équipe aussi sur le projet d'établissement, sur les différents projets qu'on peut avoir. Là je prends du plaisir oui, et puis le fait d'être conseillère technique, de participer à la mise en place de projets, échanger avec les collègues, voir que le projet il avance, on a organisé une formation, ben ça me donne du plaisir de me dire qu'on a déjà fait du travail, que c'est pas pour rien, et qu'on va encore avancer, que ça fait évoluer les choses, et puis bon je pense qu'on travaille pas pareil d'une année sur l'autre, au fur et à mesure on prend de l'expérience. »* (Béatrice)

Pour Sygrid, le plaisir en service social ne peut se concevoir qu'au travers de moments de plaisir, et ailleurs que dans le travail en lui-même, mais plutôt dans ce que l'on en reçoit ou dans ce que l'on y trouve.

> « *J'ai trouvé le sujet vachement intéressant justement parce que le plaisir en travail social c'est marrant, en rigolant tout à l'heure je disais que c'était une profession où on parlait comme des bonnes sœurs etc. et je trouve qu'on oublie l'utilisation de ses émotions là dont le plaisir donc je trouve que oui, c'est une question qui est importante à aborder, et il faut admettre effectivement que s'il n'y avait que du plaisir, ça serait louche, parce que je trouve qu'on ne peut pas avoir que du plaisir à entendre la misère des gens ou alors c'est pervers hein… c'est pour ça que je dis qu'il n'y a pas tout le temps du plaisir. Moi pour moi le plaisir il est un peu ailleurs, c'est de temps en temps avoir l'impression, suite à une rencontre il s'est passé un truc et peut-être éventuellement ça va changer le fonctionnement des gens, donc là c'est le plaisir d'avoir vrai, une tâche qui a du sens, quand on trouve un peu de sens à ce que je fais, moi je trouve ça plaisant. Au delà de ça, attention quoi, on passe notre temps avec des gens qui sont tordus, cassés, malades etc. donc du plaisir au quotidien heu… ça serait pervers de dire qu'il y a du plaisir quoi. Mais je trouve que c'est une notion un peu tabou. Le plaisir chez les assistantes sociales, ah non ! Ah non ! Mais en même temps il y a des choses plaisantes, ouais. »* (Sygrid)

Pouvoir travailler avec plaisir reste encore quelque chose de lourd parfois à reconnaître chez les assistants sociaux, tant parce que le plaisir est une émotion floue à définir parce que très personnelle, et qui pour le coup n'est pas reconnue comme une émotion dite « professionnelle » mais plutôt tabou :

> « *Moi je trouve que c'est hyper important de réhabiliter la notion de plaisir dans le travail social, où on est dans le devoir, tu vois, et à la limite, on est qualifiées de pas professionnelles si on parle de… Il y a une situation sociale comme ça où la fille disait « j'ai eu beaucoup de plaisir à travailler » et c'était douteux, on lui dit, « est-ce que c'est normal d'avoir du plaisir avec euh… la souffrance des gens ? » Donc heu… moi je trouve que réhabiliter cette dimension là, du plaisir, des émotions, la dimension, encore une fois, humaine, quoi ! Complète, et pas un surhomme, l'assistante sociale surhomme, blindée, solide, impassible…Inhumaine alors pas professionnelle.* » (Marie)

Et pourtant… elles sont plusieurs assistantes sociales comme Stéphanie à affirmer qu'elles ne pourraient faire ce métier sans plaisir, voire même passion ! Tout comme la passion, le plaisir est fluctuant, il ne peut être permanent :

> « *Je ne crois pas qu'on puisse faire ce métier là sans plaisir. Et s'il y a du déplaisir, c'est qu'il y a du plaisir à d'autres moments. Sinon on serait toujours au top ! Si on était toujours satisfaits, dans le plaisir et rassasiés, on se lasserait. Donc il faut connaître des périodes de déplaisir pour avoir de meilleurs lendemains.* » (Stéphanie)

A travers quelques témoignages, nos avons évoqué des sentiments tel que l'amour en terme de besoin pour le professionnel, ou aussi en évoquant l'amour des gens rencontrés dans le travail social, voire même la passion. Hélène est la seule à avoir osé aborder le thème de l'érotisme. Sans toutefois aller jusqu'à l'érotisme dans le travail social, on ne pourra pas faire l'impasse cependant sur une part de séduction inscrite dans la relation :

*« C'est un thème qui m'amuse, c'était attrayant comme thème quoi. Je n'ai pas trouvé l'érotisme.... C'est vrai ! J'ai un collègue qui m'a dit un jour « comment tu peux avoir du plaisir s'il n'y a pas quelque chose qui est de l'ordre de l'érotisme et du sexuel ? » alors c'est vrai que moi j'ai pris au premier degré en me disant que quand tu es dans ce métier d'assistante sociale, tu ne peux pas trop avoir de plaisir de cet ordre là. Quand tu travailles tu te mets quand même dans une attitude de protection, et même si tu trouves le plaisir de discuter avec quelqu'un du sexe opposé, je sais pas moi, j'essaie d'imaginer ce que ça pourrait être, et je me dis que c'est pas facile dans nos métiers quand même parce que d'emblée de toutes façons, si tu veux avoir une attitude professionnelle, d'emblée c'est non, même si ça peut t'arriver de trouver quelqu'un, je pense pas que ce soit pour ça que tu fais ce métier là quoi tu vois. »* (Hélène)

Mais lorsque l'action de l'assistante sociale « voleuse d'enfants et donneuse de fric » comme l'exprimait Sygrid, redonne le sourire à un enfant, alors l'assistante sociale elle est « vachement contente » !

*« ... ah vraiment j'étais vachement contente, c'était la première fois que je voyais un placement qui avait vraiment l'air de fonctionner, une gamine qui s'éclosait comme une fleur... un sourire ! Un regard qui s'allumait... je ne sais pas si c'est mon meilleur souvenir mais j'étais vachement contente. »* (Sygrid)

Le plaisir éprouvé dans le métier d'assistante sociale serait donc issu d'une construction très personnelle, d'un équilibre complexe et instable entre la vie privée et la vie professionnelle, qui s'appuie à la fois sur une notion flottante de l'équilibre et des moments de sentiments personnels intenses qui participent de cet équilibre.

## V- Perspectives professionnelles

La mise en perspective professionnelle de cette recherche a été élaborée à partir de la zone d'intégration et de plaisir, telle que mise en évidence tout au long du chapitre précédent, et située à la conjonction des espaces d'identité personnelle et professionnelle. En examinant de plus près cette zone d'intégration nous pourrions obtenir le schéma suivant :

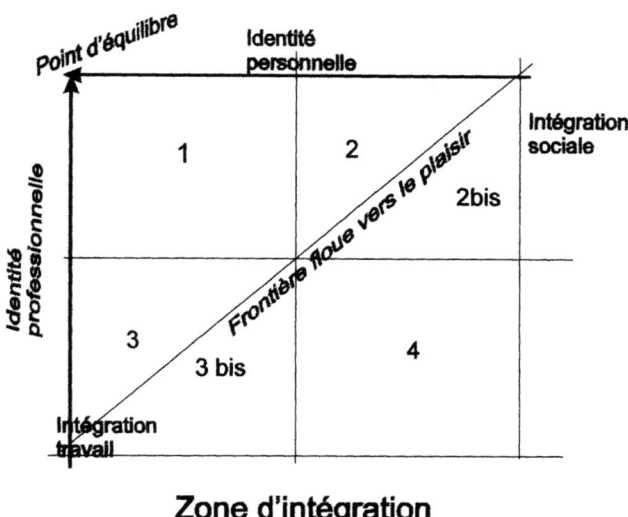

**Zone d'intégration**

Nous avons ainsi identifié 4 niveaux de plaisir :
  ① Zone de plaisir
  ② et ③ : Zones gérables de déplaisir
  ②bis et ③bis : Zones à risques de déplaisir
  ④ Zone de vulnérabilité

La zone de plaisir est un espace qui se situe dans un environnement d'équilibre suffisant mais variable d'un professionnel à un autre. Les professionnels qui se situeront dans cette zone, seront des personnes inscrites à la fois dans une identité personnelle et professionnelle à forte densité, c'est-à-dire dans un équilibre entre leur identité personnelle et leur identité professionnelle. Ainsi que nous avons pu l'observer dans le chapitre précédent, ces professionnels se sentiront impliqués et s'investiront dans leur travail en transmettant leur énergie aux personnes rencontrées et auxquelles ils sauront re-donner l'envie d'agir pour eux-mêmes. Avoir du plaisir dans son travail, c'est s'inscrire dans un équilibre qui permet à la fois d'éprouver un bien-être personnel et dans sa profession.

Cette zone d'intégration pourrait être considérée comme l'espace d'équilibre au sein d'un service que les différentes actions mises en œuvre tendraient à préserver. C'est le siège d'instances où la parole est libre au sein des équipes afin de favoriser la communication et échanger sur les pratiques professionnelles. Mais ce peut être le lieu de capitalisation des réflexions, par une information régulière et réciproque entre les circonscriptions des thèmes en cours d'étude, afin d'en faciliter l'échange. Enfin, c'est également reconnaître les compétences mises en œuvre dans des projets collectifs en les valorisant et en les faisant vivre dans le service, y compris en ce qui concerne les initiatives et la créativité de certains usagers. Préserver un cadre plaisant c'est intégrer la convivialité d'une équipe dans l'espace de travail en laissant la place à l'expression de l'humour et aux occasions de fêter les événements heureux...

La préservation de cet espace de plaisir s'inscrit dans une démarche de cohésion et de sens donné au travail, par la réduction de la distance entre les chefs de service basés au siège et les professionnels de terrain, en allant à leur rencontre régulièrement sur leur lieu de travail, à l'occasion de réflexions spécifiques ou d'événements particuliers tels la mise en œuvre de nouveaux dispositifs.

Mais une perturbation survenue sur l'un des deux axes personnel et/ou professionnel peut déplacer le point d'équilibre vers une zone de déséquilibre et faire entrer un professionnel dans la zone de vulnérabilité via un passage de déplaisir différemment gérable selon les individus. Ce peut être le cas à l'occasion de la survenue d'événements familiaux et personnels douloureux - fatigue, maladie, divorce, deuil – ou consécutivement à des événements professionnels traumatisants externes : agression physique ou verbale, menaces, stress, surcharge de travail. Mais le déséquilibre pourra provenir du professionnel lui-même qui aura choisi, par exemple, de privilégier l'aspect vie privée plutôt que professionnelle et inversement, et qui pourra se sentir en difficulté dès lors que l'autre axe prendra le pas sur le choix effectué.

L'entrée d'un professionnel dans la zone de déplaisir est un événement qui mérite d'y être attentif lorsqu'on se trouve en position d'encadrement d'une équipe, en se dotant de moyens d'alerte pour ne pas laisser un professionnel s'engager trop loin dans cette démarche préjudiciable pour lui-même. Les prémices significatifs d'un déplaisir se manifestent généralement par du retard et un amoncellement des tâches à effectuer non réalisées, une émotivité exacerbée... C'est un espace de dimension individuelle, et non plus collective, que le professionnel « atteint » va d'abord tenter de gérer lui-même tel que nous avons pu l'identifier dans le chapitre précédent. Cette zone de déplaisir peut être plus ou moins exacerbée en fonction de l'intensité de l'événement déclencheur.

Cependant, lorsqu'une assistante sociale présente ces signes dans le cadre professionnel de façon quelque peu persistante, il peut être nécessaire de lui offrir un espace d'écoute et de compréhension, une « assistance » dont l'intensité s'évaluera au cours d'un entretien. Il appartient en effet, au responsable d'échanger avec elle afin d'examiner son contexte de travail et d'envisager les moyens à mettre en œuvre pour tenter de résorber ces difficultés, voire les résoudre en terme d'aménagement de l'organisation de son travail par exemple, et lui permettre ainsi d'intégrer à nouveau la zone d'équilibre et de plaisir.

Cependant, les moyens proposés peuvent ne pas être suffisants pour éviter la zone de vulnérabilité et d'une certaine souffrance au travail, telle que peut l'exposer C. Dejours dans son ouvrage « Travail, usure mentale ».[65] *« Ce n'est pas tant l'importance des contraintes mentales ou psychiques du travail qui fait apparaître la souffrance ( bien que ce facteur soit à l'évidence important) que toute impossibilité d'évolution vers son allégement. La certitude que le niveau atteint d'insatisfaction ne peut plus diminuer marque l'entrée dans la souffrance. »* Le passage dans cet espace de vulnérabilité peut s'accompagner de signes extérieurs de souffrance et la nécessité ressentie de provoquer un break, d'aller chercher ailleurs un espace de « respiration » dans son identité professionnelle.

Malgré la description du processus de réduction du plaisir qui vient d'être énoncée, nous avons pu observer, dans le chapitre précédent, que la circulation au sein de la zone d'intégration se réalisait dans un plaisir variable selon l'espace où l'on se situe. Ainsi, le plaisir éprouvé dans les zones 2, 3 et 4, sera davantage restreint voire éphémère mais n'en existera pas moins. Les professionnelles indiquent d'ailleurs à cet endroit qu'elles éprouvent des « moments de plaisir » et non « du » plaisir. L'emploi de l'article « du » renforce quelque peu le caractère fluctuant et indéterminant de la frontière entre le plaisir et le déplaisir.

Au-delà du caractère anecdotique que peut représenter une étude sur le plaisir dans le métier d'assistante sociale, il conviendrait de prendre en compte la part de plaisir éprouvée dans le travail parce qu'elle signifie que le professionnel s'est donné un sens qu'un déséquilibre lui fait perdre. Inscrire la notion de plaisir dans le travail, c'est d'abord la prendre en compte, lui donner une réalité, la reconnaître, par exemple au travers du développement de formations sur la prise en compte des émotions ; mais c'est également œuvrer à sa reconstruction à l'issue d'une période de perturbations.

La réhabilitation du plaisir dans le métier d'assistante sociale devrait être associée à tout processus d'accompagnement d'un salarié en difficultés.

---

[65] DEJOURS C., *Travail, usure mentale*, Ed. Bayard, 2000, Paris, p 79

S'il est vrai que la protection des salariés passe par leur protection sur le plan juridique au travers de plaintes déposées par le service, il n'en demeure pas moins, et pour tenir compte du double axe « professionnel et personnel », que la protection des agents devrait à la fois tenir compte de la dimension personnelle mais également professionnelle. La nécessité de la prise en charge par l'employeur d'un accompagnement psychologique ne se démontre plus lorsqu'un agent est atteint dans sa personne par une agression dans le cadre professionnel, par contre l'accompagnement est beaucoup moins évident lorsque le déséquilibre éprouvé par le professionnel se situe à la jonction de sa vie personnelle et familiale, et de son activité professionnelle.

La création d'un poste d'assistante sociale du travail, au sein de la Direction des Ressources Humaines, dont la mission se situerait à l'interface de la vie familiale et professionnelle des agents, permettrait d'instaurer un accompagnement avec davantage de neutralité que ne pourrait le faire le responsable technique même si ce dernier est travailleur social. L'assistante sociale du travail contribuerait à la mise en œuvre de l'action sociale en faveur des personnels de la collectivité pour limiter les impacts des événements personnels sur l'activité professionnelle et inversement.

Prendre en compte la dimension du plaisir dans le travail, c'est ouvrir le champs à de nouvelles perspectives professionnelles tant au niveau de la gestion d'un service que de l'activité quotidienne de l'assistante sociale. Mais c'est également considérer l'assistante sociale dans toutes ses composantes à la fois personnelles et professionnelles et l'accompagner dans sa démarche de développement personnel.

## VI- Conclusion

Aller au travail avec plaisir, avoir du plaisir dans son travail et avoir du plaisir au travail est une déclinaison du plaisir que tout à chacun souhaiterait pouvoir trouver dans le cadre du métier qu'il exerce. Dans le milieu professionnel des assistants sociaux, le terme de plaisir n'est guère utilisé dès lors qu'il est question de difficultés de tous ordres rencontrées par un public toujours davantage en perte de repères.

Pourtant, d'abord en catimini puis timidement, le plaisir dans le travail semble de plus en plus revendiqué lorsque la question est posée aux professionnels. Nous avons centré cette recherche sur la question du plaisir chez les assistantes sociales ainsi formulée : « *qu'est-ce qui permet aux assistantes sociales de trouver du plaisir dans le contexte actuel de l'exercice de leur métier ?* »

D'emblée, le terme de plaisir a semblé très attirant pour les assistantes sociales interviewées, tant il leur paraissait provoquant dans un contexte où le plaisir relève du tabou, ou encore parce que ce thème leur permettait d'exprimer le plaisir qu'elles éprouvent dans l'exercice de leur métier. Certaines professionnelles ont affirmé avoir été poussées par la curiosité, s'interrogeant sur la manière dont on pouvait traiter du plaisir en service social. D'autres personnes interviewées y trouvaient là l'occasion de donner une image positive de leur métier, image trop souvent contrariée par une histoire du métier lourde à porter. Pour certaines professionnelles le plaisir est décrit comme un sentiment général ressenti à l'égard de leur métier, pour d'autres il ne peut y avoir que des moments de plaisir.

Il est cependant assez rapidement apparu évident que le plaisir était attaché à l'équilibre entre vie privée et vie professionnelle, chacune ayant des raisons personnelles de s'engager vers le métier d'assistante de service social. En d'autres termes, l'identité personnelle de l'assistante sociale lui permet d'élaborer son identité professionnelle, la conjonction des deux axes identitaires à forte densité créant une zone d'intégration, en référence aux zones d'affiliation et de désaffiliation décrites par R. Castel, et par là même de plaisir.

Tout au long de cette recherche, nous avons privilégié l'examen de la zone de plaisir, c'est à dire l'aspect plaisant du métier et en tous cas ce qui le rend plaisant pour les professionnels qui l'exercent, sans toutefois éluder ce qui peut entraîner vers la rupture et le déséquilibre.

Le plaisir provient d'un parcours et d'une construction difficiles à maîtriser mais dans lesquels les assistantes sociales parviennent à tirer leur épingle du jeu tout au long d'un processus complexe.

Un premier facteur explicatif du plaisir à être assistante sociale trouverait son sens dans le choix de son métier. Les professionnels insistent beaucoup sur cet aspect, soit parce qu'il affirme le bénéfice d'une liberté individuelle d'action dans leur vie privée, soit parce que ce choix leur a permis de se « réaliser », et en tous cas avec l'idée de mener et d'avoir la main sur leur parcours de vie. Leurs témoignages tendent cependant à relativiser ce sentiment du fait du fort ancrage de leur orientation professionnelle dans les valeurs héritées de leurs parents et de leur éducation familiale. Un certain déterminisme les a conduit fatalement à cette profession, fatalité s'imposant d'autant plus lorsque cette orientation se détermine en seconde partie de vie professionnelle. Avoir le sentiment de choisir son métier, qui plus est en lien avec son histoire familiale et personnelle, justifierait que l'on s'y réalise, que l'on s'y investisse personnellement et qu'il soit mis en œuvre différentes modalités d'action pour s'y maintenir. Les professionnels qui se sont orientés vers ce métier pour d'autres motivations, en auront une analyse différente et l'exerceront avec davantage de recul. Ainsi lorsque la raison prendra le pas sur le plaisir qu'ils ont dans leur travail, ils hésiteront moins que les précédents à changer de métier.

Quelles que soient les actions mises en œuvre par les professionnels, c'est le plaisir qui guidera leur recherche permanente d'un équilibre entre la vie personnelle et la vie professionnelle. Les professionnels vont donc s'attacher à mettre en œuvre diverses stratégies leur permettant de ne pas porter atteinte ni à leur identité personnelle ni à leur identité professionnelle, allant du cloisonnement au changement d'employeur, en passant par la maîtrise de leurs émotions et par l'humour. L'échange permanent entre les deux niveaux va nécessiter un ajustement régulier de la part de l'assistante sociale vis à vis d'elle-même, tout comme elle le pratique dans sa relation à l'autre.

Enfin, le dernier élément constitutif du plaisir au travail naîtrait en quelque sorte des deux premiers facteurs. Exercer un métier que l'on a le sentiment d'avoir choisi et qui permet de se réaliser à travers la construction de son identité, est d'abord un métier que l'on exerce pour soi, par les autres ; la relation individuelle basée sur l'échange en étant l'outil facilitateur.

Le besoin exprimé d'être réconfortée, reconnue, d'enrichir sa personnalité va se satisfaire au sein de la relation qui se noue avec un usager. Ce que l'assistante sociale va apporter à un individu va rejaillir sur elle en retour.

C'est parce qu'elle trouve son plaisir à exercer un métier qui correspond à ses attentes, et dans lequel elle se reconnaît, que l'assistante sociale va pouvoir transmettre, agir, offrir, donner aux autres. Le plaisir qu'elle en éprouvera en retour amorcera un nouveau plaisir et l'engagera dans une spirale dont les personnes qu'elle accompagne tireront bénéfice.

Mais le cadre de travail dans lequel s'inscrit cette relation, doit pouvoir offrir les conditions favorables à son bon déroulement. Selon les personnes interviewées, les collègues et une vie d'équipe au sein de laquelle on est reconnue, offrent un cadre sécurisant de travail à l'assistante sociale. Par ailleurs le degré de liberté et la marge de manœuvre dont elle bénéficiera, en fonction des missions qui lui sont assignées, donnera du sens à son travail et favorisera l'épanouissement de sa créativité.

Nous avons pu en faire le constat, le plaisir dans le travail chez les assistantes sociales est une notion floue, un sentiment vécu dans un équilibre fragile entre l'identité personnelle et professionnelle. C'est une émotion vécue différemment selon les unes et les autres parce que chacun ne met pas les mêmes priorités en place pour définir le plaisir. Ainsi, il n'y aurait pas un plaisir au travail mais des plaisirs que chacun et chacune se construisent parfois dans le « bricolage » et le « système D ».

Cependant, la seconde partie de la question de départ positionnant le plaisir dans le travail au regard de l'évolution du métier a été quelque peu occultée dans cette recherche, les assistantes sociales interviewées s'exprimant essentiellement autour de la relation individuelle à l'usager.

Cette centration du plaisir autour de la relation individuelle peut s'expliquer par la constitution du panel d'assistantes sociales interviewées, puisque treize professionnelles sur quinze exerçaient leur activité en lien direct avec des usagers. Peut-être pourra-t-on en déduire que le contexte de l'évolution du métier aura peu d'impact sur leur satisfaction au travail, dans la mesure où elles fondent l'essentiel de leur plaisir dans cette relation et dans le sens d'un développement personnel ? Un groupe de professionnels plus hétérogène incluant des assistants sociaux en position d'encadrement aurait peut-être permis de lever cet écueil ou tout du moins de l'émousser.

La méthode qualitative engagée dans cette recherche n'aurait-elle pas contraint l'élargissement de la réflexion sur l'évolution du métier d'assistante sociale et plus généralement sur celle du travail social ? En d'autres termes, la position de travailleur social enquêtant sur un phénomène touchant la profession a pu induire un certain aveuglement malgré les efforts de mise à distance.

Pourtant, un des intérêts de ce type de recherche à la fois théorique et à des fins professionnelles réside justement dans cet effort à construire un modèle d'analyse afin de se distancier de l'objet d'étude pour mieux l'étudier.

Au travers d'une démarche de recherche, cette étude centrée sur le plaisir dans le métier d'assistante sociale a permis de démontrer ce que chaque professionnelle pense intuitivement. Le plaisir est la récompense d'un métier dans lequel on se reconnaît, y compris dans le métier d'assistante sociale. Cette réalité peut risquer de remettre en cause les représentations de ce métier fondées sur l'altruisme et l'aide. Aider les autres c'est s'aider soi-même.

Regarder le service social sous l'angle du plaisir nous engage à l'observer dans ce qui fait l'identité professionnelle de l'assistante sociale vis à vis des autres professionnels du social. Cela ne risque-t-il pas d'enfermer le service social sur lui-même et de le condamner à un individualisme tel que le traduit R. Castel : « *La segmentation des emplois, comme l'irrésistible montée des services, entraîne une individualisation des comportements au travail toute différente des régulations collectives de l'organisation 'fordiste'. Il ne suffit plus de savoir travailler, mais il faut tout autant savoir vendre et se vendre. Les individus sont ainsi poussés à définir eux-mêmes leur identité professionnelle et à la faire reconnaître dans une interaction qui mobilise autant un capital personnel qu'une compétence technique générale. (...) Ce processus général peut avoir des effets contrastés sur les différents groupes qu'il affecte. Côté travail, l'individualisation des tâches permet à certains d'échapper aux carcans collectifs et de mieux exprimer leur identité à travers leur emploi. Pour d'autres, elle signifie segmentation et fragmentation des tâches, précarité, isolement et perte des protections.*»[66]

L'observation du métier d'assistante sociale sous l'angle du plaisir mettrait-elle en lumière un processus d'individualisme qui risque de l'amener à la disparition de ce qui participe de son identité ? L'identité de la profession d'assistante sociale ne risque-t-elle pas de mourir de plaisir ?

---

[66] Op-cit, p 757-758

## VII- Bibliographie

OUVRAGES :

ALAIN. *Propos sur le Bonheur*, Ed. Folio, Coll. Essais, réed. 1998, Paris, 217p
ARON R., *Les étapes de la pensée sociologique*, Ed. Gallimard, 2001, Paris, 663p
BAUDELOT C., GOLLAC M., *Travailler pour être heureux ?*, Ed. Fayard, 2002, Paris, 351p
BOUDON R., BESNARD P., CHERKAOUI M., LECUYER B.P. *Dictionnaire de la sociologie*, Ed. Larousse, Paris 1993, 280p
BOUQUET B., GARCETTE C., *Assistante sociale aujourd'hui*, Ed. Maloine, Coll. « Professions de santé », 2è édition, 2002, Paris, 197p
CASTEL R., *Les métamorphoses de la question sociale, une chronique du salariat*, Ed Gallimard, Coll. follio essais, Paris, 2002, 813p
DEJOURS C., *Travail, usure mentale*, Ed. Bayard, 2000, Paris, 281p
DE LA GARANDERIE A., *La motivation, son éveil son développement*, Ed. Du Centurion, 1991, Paris, 192p
DE LA GARANDERIE A, *Plaisir de connaître – Bonheur d'être*, Ed. Chronique sociale, Lyon, mai 2004, 96p
DONZELOT J., *L'invention du social, Essai sur le déclin des passions politiques*, Ed. Fayard, 1984, 265p
DUBAR C., *La socialisation, constructions des identités sociales et professionnelles*, Ed. Armand Colin, 1991, 278p
DURAND J.P., WEIL R., *Sociologie contemporaine*, Ed. Vigot, collection Essentiel, sept 1999, Paris, 775p
GARNIER J.F., *Assistante sociale, pour la redéfinition d'un métier*, Ed. L'Harmattan, 1999, Paris, 343p
GARBARINI J., *Relation d'aide et travail social*, Ed. ESF, Coll. Actions sociales / Sociétés, 2ème édition 1999, Paris, 108p
HIRIGOYEN M., *Le harcèlement moral*, Syros, 1998, 213p
ION J., *Les travailleurs sociaux*, Ed. La Découverte, 2002, Paris, 121p
LABORIT H., *Eloge de la fuite*, Ed Gallimard, Coll. Folio Essais, 1985, Paris, 187p
MEDA D., *Le travail, une valeur en voie de disparition*, Ed. Aubier, 1995, Paris, 362p
NUTTIN J., *Théorie de la motivation humaine*, Ed. PUF, Coll. Psychologie d'aujourd'hui, 1996, 383p
PADRINI F., *Le langage secret du corps*, Ed. de Vecch, juillet 1995, 142p
SAINSAULIEU R., *L'identité au travail*, Presses de Sciences PO, réed. 2000, Paris, 477p
SAINT MARTIN C., *Etre assistante de service social*, Ed. L'Harmattan, 1999, Paris, 298p
SILLAMY N., *Dictionnaire de psychologie*, Ed. Larousse, 1980, Paris, 319p
THEVENET M., *Le plaisir de travailler*, Ed. d'organisations, 2002, Paris, 269p

TIGER, L. *A la recherche des plaisirs »*, Ed Payot & Rivages, Coll. Petite Bibliothèque Payot, Paris, mars 2003, 440p

ARTICLES :

ALLEMAND S., *Le travail en question*, « Les métamorphoses du travail », Dossier Sciences Humaines n°78, décembre 1997, pp 26-27

CASTEL R. *A quoi sert le social ?* « *Du travail social à la gestion du non travail »*, Revue Esprit, 1998, p28 à 48

DUBAR C., *Identités professionnelles, le temps du bricolage*, Revue Sciences Humaines n°114, mars 2001, p32 à 35

DUBET F., *Une fonction sociale généralisée*, Esprit, « *A quoi sert le social ?* », 1998, p90 à 128

HELFTER C., *Malaise dans le travail social*, ASH, n°2251, 22-02-2002, p 31-32

LAUTROU P.Y., *Y a t'il du plaisir au boulot ?*, L'Express, mai 2002, p151 à 155

LEVY-LEBOYER C., *le cœur à l'ouvrage, les ressorts de la motivation*, dossier Sciences Humaines, n°92, mars 1999, p21-23

PAUGAM S., *Les formes d'intégration professionnelle, Le travail, mode d'emploi*, dossier Sciences Humaines n°114, mars 2001, p22-25

# VIII - Annexes

# Annexe I

L'EXPRESS du 30/05/2002
Quand le travail, c'est du plaisir...

par Pierre-Yves Lautrou

Le boulot, nous martèle-t-on depuis toujours, ne serait qu'ennui et souffrance. Pourtant, certains s'y épanouissent franchement. Reste qu'un salarié heureux est un salarié efficace. Ce que, curieusement, peu d'entreprises ont intégré

C'est une sorte de mariage impossible. D'idylle contre nature De noces improbables entre deux valeurs que, semble-t-il, tout oppose: le plaisir et le travail. Tentez donc votre chance. Interrogez le collègue installé en face de vous et demandez-lui, à brûle-pourpoint, s'il prend son pied au boulot. Soit, dans le meilleur des cas, il s'enquiert de votre santé mentale - «Ça va pas la tête?» - soit, effaré, il remplit illico une demande de mobilité interne. S'il vous répond: «Oui, tous les jours, de 9 heures à 18 heures», méfiance: il vous cache quelque chose...

Car il en est ainsi depuis la Genèse, le travail, c'est de la souffrance, pas du plaisir. «Tu gagneras ton pain à la sueur de ton front.» Parce qu'Adam a touché au fruit défendu, il est contraint de travailler... Depuis, la vision du labeur reste largement influencée par la culture judéo-chrétienne, qui fait du travail un synonyme d'effort et de contrainte. L'étude étymologique aggrave le cas de l'accusé: «Travail, du latin trepalium, instrument de torture», selon le Petit Larousse. Sans parler des expressions comme «table de travail» (pour la mère qui enfante - dans la douleur) ou «ça me travaille» (quand on a des soucis.

«Faire savoir aux gens qu'ils servent à quelque chose»

Et puis, il y a une quasi-indécence à évoquer le plaisir à son propos. Pour beaucoup de gens encore, la première des satisfactions du travail, c'est d'en avoir un! Un job reste avant tout un moyen de se socialiser et de s'intégrer dans la société. Souvent, aussi, un outil d'accomplissement personnel. Mais de là à s'éclater au boulot...

Un effet pervers des 35 heures
Le plaisir est plutôt la cerise sur le gâteau. Surtout au moment où les dégâts occasionnés par le stress et le harcèlement dans les entreprises commencent tout juste à être pris en compte. Les ouvrages de Marie-France Hirigoyen (Le Harcèlement moral). La violence perverse au quotidien, (Syros) et de Christophe Dejours (Souffrances en France, Seuil) ont été des best-sellers. Le Plaisir de travailler (Editions d'organisation), de Maurice Thévenet, professeur au Conservatoire national des arts et métiers et à l'Essec, ne prend pas, pour l'instant, le même chemin...

Quant aux débats autour de la réduction du temps de travail, ils n'ont pas forcément aidé à améliorer l'image de marque du boulot. «Les 35 heures ont mis en lumière des facettes contradictoires du travail, analyse Pascale Levet, responsable du Lab'Ho, l'observatoire du marché du travail d'Adecco, spécialiste de l'intérim. D'un côté, un discours qui valorise énormément le temps libre. De l'autre, celui des chefs d'entreprise, sur le mode "tout fout le camp, les gens ne bossent plus"».

Enfin, des conditions de travail rendues plus difficiles par les 35 heures: tout ce qui procurait du plaisir, comme les relations sociales, est réduit à la portion congrue, abandonné à cause de la pression. Alain Etchegoyen, philosophe mais aussi consultant en entreprise - il a siégé au conseil d'administration d'Usinor - l'avoue: «Je ne l'avais pas vu au début, mais c'est l'un des effets pervers de la RTT: laisser penser que le plaisir est toujours ailleurs que dans le travail, faire croire que la réduction du temps de travail correspond à l'augmentation du temps de plaisir.»

Résultat: aujourd'hui, les jeunes diplômés ne jurent plus que par le fameux équilibre entre vie privée et vie professionnelle - au grand dam des patrons. Les workaholics font la Une des journaux, et votre collègue qui finit tard est louche, forcément louche - il ne doit pas savoir s'organiser. Alors, prendre du plaisir au boulot est au minimum suspect et, dans tous les cas, injuste pour ceux qui n'y ont pas droit! Est-ce vraiment impossible? Selon un sondage réalisé par l'Ifop en 2000 auprès des 16-25 ans, 48% d'entre eux voient dans le travail un moyen de gagner leur vie. Mais ils sont 30% à y voir une source de plaisir. Une enquête du Credoc, le Centre de recherche pour l'étude et l'observation des conditions de vie, montrait, en 1996, que les Français associent au bonheur la santé, la famille et, en troisième position, le travail. Devant l'amour. Il y aurait donc un peu d'espoir...

Les recettes du bonheur
C'est la thèse de Maurice Thévenet: «Loin de moi l'idée que le travail n'est que du plaisir. Mais on peut aussi y trouver - pas toujours, pas tout le temps - du plaisir.» Certains y arrivent, effectivement. Comme Michel Wilson, secrétaire général de l'université Joseph-Fourier, à Grenoble. «Je pense qu'on ne peut bien faire son métier qu'en y prenant du plaisir», résume-t-il simplement. Son secret? «Faire savoir aux gens qu'ils servent à quelque chose, prendre le temps de les écouter, expliquer ce qu'on attend d'eux, injecter de la convivialité, offrir des fleurs, des chocolats ou un restaurant pour remercier... »

Même les jobs les plus durs savent se montrer reconnaissants. Patricia Thomasse, assistante sociale dans l'Orne depuis plus de vingt ans, aime ce qu'elle fait, même si le dire relève de l'aveu: «J'ai l'impression que nous n'avons pas le droit d'éprouver du contentement, parce que nous sommes confrontés à la misère et à la douleur. Pourtant, c'est un métier où l'on résout les problèmes, où les contacts avec les gens sont nombreux, où l'on est en prise avec le changement. Il faut arrêter de vivre ça en cachette, il n'y a pas de honte à s'amuser! »

Les ingrédients du plaisir sont nombreux, et les recettes pour y arriver, variées. Prenez, par exemple, un secteur d'activité excitant, comme la mode, les médias ou l'édition. Beaucoup de gens prennent du plaisir parce qu'ils ont toujours rêvé d'y travailler ou parce qu'y décrocher un job est valorisant. Quand bien même les conditions de travail ne sont pas idéales. Le bien-être peut aussi provenir du métier exercé, de l'expertise développée, du sentiment de bien maîtriser son savoir-faire. De l'ambiance, également. «C'est un élément très important pour les jeunes, note Maurice Thévenet. Pour eux, la qualité des relations est primordiale. »

Bref, un cocktail subtil... et variable selon les gens. Pour Karine, jeune responsable de l'activité commerce en ligne d'un gros brasseur, encore sous le charme de son nouveau poste, cela prend la forme suivante: «Le sentiment d'être utile, donc de faire un travail valorisant, une équipe soudée et complémentaire, une ambiance sympathique, un défi à relever avec l'impression qu'on m'en donne les moyens - formation continue, salaire, supérieurs ouverts et réceptifs, etc.»

Avec la variété, l'autonomie et la responsabilité sont les conditions qui reviennent le plus souvent dans les raisons de ceux qui prennent du plaisir en travaillant. C'est ce qui explique en partie l'évolution des modes de management vers la gestion de projet, le fonctionnement en centres de profit autonomes, etc. «L'idée, c'est de faire en sorte que chacun ait l'impression d'être libre dans son travail», affirme Alain Etchegoyen.

D'où, selon Nicole Aubert, professeur à l'ESCP-EAP, un accès très inégal au plaisir dans le travail. «Pour une raison toute bête: plus vous êtes haut dans la hiérarchie, plus vous avez d'autonomie et de pouvoir sur votre tâche. Et inversement.» Les cadres se laisseraient donc plus facilement gagner par le bien-être au bureau que les ouvriers à l'usine. Seul petit détail: comme le dit Maurice Thévenet, «le plaisir au travail est aussi un élément de statut. «Pour un cadre, dire que l'on s'ennuie signifie reconnaître une faillite personnelle», renchérit Nicole Aubert. Un peu comme si, à un certain niveau de responsabilité, vivre son métier le sourire aux lèvres était obligatoire...

Chez Vitae, on sait qu'un salarié épanoui est un salarié fidèle

Finalement, la vision de ce qu'est un bon ou un mauvais job est très générale. Parce que la manière dont nous vivons le travail est avant tout personnelle. «C'est surtout ce que nous projetons de nous-mêmes dans ce que nous faisons qui nous procure de la satisfaction», souligne Maurice Thévenet. Et de prendre l'exemple d'une coiffeuse qui aime son job, non pas parce qu'elle coiffe des clients, mais parce qu'elle a toujours été attirée par l'art. Or, en coiffant, elle se vit comme une artiste. En clair, l'origine d'un comportement au travail est bien souvent liée à une histoire personnelle.

Une valeur d'entreprise
L'idée de prendre du plaisir en travaillant est plus en vogue de l'autre côté de l'Atlantique. Car la culture du travail y est bien différente. «Mes propres enfants, nés en France et élevés aux Etats-Unis, se sont vus inculquer à l'école que c'est à eux qu'incombe la responsabilité d'être employables et de gagner de l'argent en faisant le ou les métiers qu'ils auront choisis, et le tout en ayant du fun, raconte Pascal Baudry, psychanalyste et consultant français installé en Californie. Conformément à l'éthique protestante, le travail est présenté comme la priorité dans la vie. On peut dire que les Américains vivent pour travailler, alors que les Français travaillent pour vivre.»

Patrick Le Granché, chef d'entreprise dont «le credo est le plaisir au travail», carbure, lui, à l'indépendance: «La liberté et l'autonomie, c'est déjà une grande source de contentement.» Après une période business angel, il est redevenu entrepreneur: «Cela me manquait de réaliser de nouvelles idées.» Et le patron Le Granché tente d'appliquer la même méthode avec ses troupes: «J'essaie d'être un patron pas trop pénible, de laisser une grande liberté. J'ai besoin que les gens se sentent bien.»

Le plus curieux, c'est que les entreprises ne semblent pas se passionner outre mesure pour ces problématiques, qui sont pourtant essentielles. Pour une raison simple et vieille comme le monde: un salarié heureux est un salarié efficace. C'était le principe des entreprises paternalistes. Aujourd'hui, d'autres le remettent au goût du jour, avec des justifications différentes. Chez Vitae, une société néerlandaise spécialisée dans le recrutement dans le secteur financier, et qui devrait bientôt s'installer en France, on parle même de «travail-plaisir», le slogan maison. «Et nous ne sommes pas une secte, rigole Marc Martojo, consultant à Bruxelles. Simplement, nous pensons que ce que l'on fait avec plaisir, on le fait bien.»

Jusque-là, rien de très original. Mais, pragmatique, Marc Martojo souligne aussi qu'un salarié épanoui est un salarié fidèle... Alors, chez Vitae, on met le paquet sur l'«épanouissement professionnel» et un «bon environnement de travail. Une réflexion qui n'a pas échappé aux dirigeants de la filiale suisse de la société de services informatiques française Steria. Dans l'exercice délicat de la définition des quatre valeurs maison, ils mettent en avant «le plaisir au travail», au même titre que «la qualité de la prestation au service des clients», «la rentabilité de nos activités» et «le développement de nos collaborateurs. Gonflé? Pas vraiment. Comme toutes les sociétés du secteur, et singulièrement en Suisse, Steria est confronté à des problèmes de recrutement et à un turnover important. «Ces difficultés nous ont amenés à réfléchir sur nos valeurs, explique Etienne Savatier, directeur du marketing. Notre objectif, c'est de fidéliser les compétences.» Concrètement, cela se traduit par la batterie habituelle des avantages proposés aux salariés des grands groupes: épargne salariale, outils de travail performants, soirées avec les conjoints, séminaires au vert...

Mais beaucoup d'entreprises semblent passer à côté de cette réflexion. «Leurs dirigeants n'ont pas pris conscience de l'intérêt de se demander quel plaisir les gens prennent à faire leur travail, confirme Maurice Thévenet. Sauf dans des cas particuliers, comme l'expatriation ou les hauts potentiels, l'idée de s'intéresser à ce que les gens vivent en dehors de l'entreprise pour comprendre ce qu'ils vivent au travail n'est pas très répandue.» Faut-il vraiment s'en plaindre? Car, après tout, décréter le plaisir au travail, c'est aussi un discours de patron...



L'Express du 30/05/2002
Patrick Légeron
Des émotions positives indispensables

propos recueillis par Pierre-Yves Lautrou

Trois questions à Patrick Légeron, psychiatre et directeur du cabinet de conseil Stimulus

Le plaisir et le travail sont-ils antinomiques?

L'environnement du travail engendre énormément d'émotions négatives, aussi variées que l'inquiétude, l'anxiété, la démotivation, la perte d'intérêt, la frustration... C'est un énorme gâchis, à la fois pour le bien-être et pour la performance des individus. Alors, toutes les démarches qui visent à réhabiliter les émotions positives, comme le plaisir, sont extrêmement importantes, voire urgentes, pour favoriser l'efficacité au travail. Mais la révolution est à peine commencée, nous restons encore très marqués par des schémas judéo-chrétiens dans lesquels le travail, c'est la sueur, la pénibilité... Pourtant, beaucoup de conditions, comme les innovations technologiques, sont réunies aujourd'hui pour que le travail soit épanouissant.


Quelle place prend le travail dans la construction de l'individu?

Freud l'a souligné depuis longtemps, notre construction identitaire se fait à travers la sexualité et, c'est moins connu, le travail. Mais il y a un équilibre à trouver. L'individu a besoin d'un double épanouissement, à la fois professionnel et personnel. L'investissement émotionnel unique est dangereux, et, un peu comme à la Bourse, l est important de diversifier ses investissements. Je ne crois pas trop aux vases communicants entre une vie professionnelle passionnante qui compenserait une vie privée inexistante - et inversement. L'individu est unique, il doit se construire dans ces deux sphères parallèles.


Autrement dit, trouver du plaisir au travail, et au travail seulement, est risqué?

Se donner complètement à son boulot n'est pas un signe de santé! Les accros du travail qui s'ennuient en vacances sont assez inquiétants. Ce sont des gens fragiles, qui craquent psychologiquement, pour qui leur job est une vraie drogue. Le plaisir au travail, quand il est illimité, n'est pas efficace...

**Annexe II**

## Guide d'entretien

**Questions préliminaires**
**Est-ce que vous pouvez me parler de vous, vous présenter ?**
- Quel est votre âge ?
- Vivez-vous en couple ? Avez-vous des enfants ? Quel âge ont-ils ?
- Où habitez-vous ? Depuis combien de temps ?
- Distance domicile / travail, en km, en temps ? Comment se passe le trajet ?
- Vos horaires de travail ?
- Quels sont vos loisirs ? Comment occupez-vous votre temps libre ?
- Qu'est-ce qui vous fait plaisir dans la vie ?

## 1- L'accès au métier

- Quel a été votre parcours scolaire et professionnel ?
- Qu'est-ce qui vous a amené vers cette profession ?
- Qu'attendiez-vous de ce métier ?
- Avez-vous passé plusieurs fois la sélection d'entrée à l'école ?

### Les études d'assistante sociale.
- Avez-vous apprécié les études ?
- Comment se sont-elles déroulées sur le plan matériel (finances – logement - déplacements) ?
- Comment se sont-elles déroulées sur le plan scolaire ?
- Avez-vous effectué les stages qui vous intéressaient ?
- Outre l'apprentissage d'un métier, que vous ont fait découvrir les études ?
- Avez-vous obtenu votre D.E du premier coup ?
- Avez-vous immédiatement trouvé du travail ? Si non, pourquoi ?
- Qu'avez-vous fait en attendant ?

### Le premier poste
- Correspondait-il à votre projet professionnel ?
- Avez-vous trouvé le poste sur lequel vous souhaitiez exercer à la sortie de votre formation ?
- Quelles étaient vos missions ? Vos tâches ?
- Qu'en appréciez-vous ? Qu'est-ce que vous n'aimiez pas ?

- Pourquoi en êtes-vous parti ? (mutation – vie familiale – difficultés liées au poste)
- Si vous êtes tjrs sur ce poste, depuis combien de temps ? Pourquoi y êtes-vous toujours ?

**2- Le métier**
- Quelle en serait la définition ?
- Quels en sont les avantages ? Quels en sont les inconvénients ?
- Qu'est-ce qui vous plaît le plus ?
- Qu'est-ce qui vous plaît le moins ?
- Quelle est la place de votre travail par rapport à votre famille ou vos loisirs ? Quelles répercutions vous semble avoir votre travail sur votre vie de famille ?
- Si vous gagniez au loto, envisageriez-vous d'arrêter de travailler ? Auriez-vous envie d'exercer un autre métier ? Pour quelles raisons ?
- Vous arrive-t-il d'aller travailler à reculons ?

**La motivation**

- Vous m'avez précédemment parlé des raisons qui vous avaient engagé dans la profession d'assistant(e) social(e), sont-elles toujours présentes en vous aujourd'hui ?
- Si c'était à refaire, le referiez-vous ? De quelle manière ?
- Que conseilleriez-vous à un jeune qui voudrait faire ce métier ?
- Quels sont les doutes qui ont traversé votre vie professionnelle ?
- Prenez-vous des stagiaires ? Avez-vous le sentiment d'avoir quelque chose à transmettre ?
- Quelles sont les convictions qui vous animent aujourd'hui pour poursuivre dans cette profession ? En quoi croyez-vous ?
- Quels sont vos projets pour l'avenir ?

**3- Evolution de votre métier**

- Quelles fonctions occupez-vous aujourd'hui ?
- Pensez-vous que vous exercez votre métier comme au début ?

- Votre travail a-t-il subi des changements depuis que vous y exercez ?
- Qu'est-ce qui a changé ? Le public ? Vos missions ? Les partenaires ? La façon de travailler ? Vous ?
- Quel rôle pensez-vous avoir à jouer dans cette évolution ?
- Si les modifications de votre travail sont de votre fait, comment en êtes-vous arrivé à les proposer ? De quels moyens avez-vous bénéficié pour leur mise en place ?
- Vous sentez-vous libre dans votre travail ?
- Quel est votre meilleur souvenir professionnel ?
- Quel est votre pire souvenir professionnel ?

**Reconnaissance**
- Comment vous sentez-vous considérée par le public ?
- Pouvez-vous qualifier vos relations avec le public aidé ?
- Quelles sont les difficultés que vous rencontrez ? Comment les résolvez-vous ? A qui en parlez-vous ?
- Quelles sont vos relations avec les autres professionnels du social ? A quelles occasions les rencontrez-vous ?
- Savez-vous toujours bien identifier les limites de votre intervention ? Comment y parvenez-vous ?
- Quelles sont vos relations avec vos collègues de travail ?
- Qui est votre supérieur hiérarchique ? (Fonction) Quel rôle a-t-il ? Quelles sont vos relations ?
- Si vous aviez les pleins pouvoirs, quels changements, quelles réformes feriez-vous ?

**4- Expression des émotions**
- Vous est-il arrivé d'éprouver de la compassion ou du ressentiment à l'égard de quelqu'un qui venait vous demander de l'aide ?
- Vous est-il arrivé de « céder » à ce que vous éprouviez ?
- Vous est-il déjà arrivé de « toucher » une personne aidée, autrement qu'en lui serrant la main pour lui dire bonjour ? A quelles occasions ?
- Pensez-vous que l'humour a une place dans votre métier ? Avec vos collègues ? Avec la population aidée ?
- Racontez-moi un entretien ou une situation qui a pu trouver une résolution grâce à l'humour.

- Avez-vous eu des arrêts de travail liés à votre métier ? Accident de travail ? Charges de travail ? Pénibilité ? Agression verbale ou physique ?
- Dans quel « état » étiez-vous alors physiquement ?
- Dans le grand public, l'assistante sociale est parfois qualifiée de « froide » voire « inhumaine. Cette image est-elle fondée, selon vous ? A quoi tient-elle ? Pensez-vous donner cette image de vous ?

**Conclusion**

- Diriez-vous que vous exercez ce métier avec plaisir ?
- Pourquoi avez-vous accepté cet entretien ?
- Pensez-vous que nous ayons fait le tour de la question ?
- Avez-vous des choses à rajouter ?

**Annexe III**

**Présentation des personnes interviewées :**

**1. Catherine** est mariée, deux enfants. Elle habite en ville, à 30 Km environ de son lieu de travail. Elle pratique le tennis. Elle est assistante sociale depuis 1986. Après avoir exercé en polyvalence de secteur, en milieu rural, elle a travaillé dans le milieu associatif dans une autre fonction que celle de travailleur social. Après une formation universitaire, elle est devenue responsable de formation d'assistantes sociales et de travailleuses familiales. Elle apprécie l'échange et le côté relationnel du métier d'assistante sociale. Le rire et l'humour font partie intégrante de son métier. L'accompagnement vers le changement, le respect de la dignité de la personne, et la liberté, sont les valeurs qui l'animent.

**2. Francis** a 40 ans, marié, un enfant. Francis a obtenu son diplôme d'assistant social en juin 1997, après un premier échec. Il a un très mauvais souvenir de son stage en polyvalence dans le cadre duquel il dit avoir été mis en difficulté du fait d'une mauvaise relation avec son formateur terrain. Il a financé ses études grâce à l'allocation formation reclassement de l'ASSEDIC et son échec au diplôme d'Etat le mettait en grande difficulté financière. Il a donc travaillé en quatrième année en remplacement sur un secteur de polyvalence dans l'attente de l'obtention de son DE. Après un contrat de remplacement dans un hôpital, il travaille depuis plusieurs années dans un IME et vient d'entreprendre une formation de chef de service. En devenant assistant social, Francis a fait un réel choix puisque auparavant il était salarié dans les transports.

**3. Frédérique** est âgée de 54 ans, mariée, deux enfants. Frédérique a commencé ses études d'assistante sociale dans les années 1970. Une rencontre avec une assistante sociale exerçant en entreprise a été déterminante dans le choix de cette profession. Ses études se sont bien déroulées, elle a pu effectuer les stages désirés. Provinciale, elle est « montée » à Paris pour son premier poste d'assistante sociale à la Régie Renault. Elle a rencontré beaucoup de difficultés pour y faire sa place. Elle a connu trois postes en entreprises avant d'intégrer un service d'Aide Sociale à l'Enfance en 2001, son second choix professionnel à l'origine. Elle a beaucoup souffert de la solitude dans ses différents postes en entreprises mais en a gardé beaucoup de force et d'énergie. Elle découvre depuis peu le travail en équipe et l'apprécie.

**4. Marie** a 37 ans, elle est mariée, mère de 4 enfants. Elle habite en campagne à 30 Km de son lieu de travail. Elle aime le footing, la piscine, manger. Elle est assistante sociale depuis 1989. Elle a commencé par exercer ses fonctions en polyvalence de secteur pendant quelques mois en milieu rural. Marie a beaucoup souffert de la diversité des situations en polyvalence. Elle pense avoir commencé ses études trop jeune, puisqu'elle avait 17 ans, sans avoir réellement été confrontée aux réalités du public. Elle a trouvé très vite un poste spécialisé en établissement qu'elle a quitté au bout de 12 ans. En ce moment c'est un peu l'aventure pour elle car après avoir réalisé un contrat à durée déterminée, elle est au chômage mais elle a entrepris une formation et assure des vacations en parallèle. Elle se sent un peu en perte de repères.

**5. Chantal** a 50 ans, elle est mariée, quatre enfants. Elle travaille à la Régie Renault depuis 1975, date d'obtention de son diplôme d'Etat. Elle accueille régulièrement des stagiaires et a effectué quelques formations dans le cadre de la formation continue, essentiellement basées sur la relation et la communication.

**6. Marianne** a 47 ans, elle est célibataire, un enfant. Elle apprécie la couture, le bricolage, la convivialité de soirées entre amis, les concerts de rock. Après un parcours diversifié passant du métier d'éducatrice de jeunes enfants au domaine de la mode, elle est devenue assistante sociale en 1997, date à laquelle elle a intégré un service d'aide sociale à l'enfance. L'éloignement de son lieu de travail et les différentes contraintes liées à ce poste, l'ont incitée à rechercher un autre emploi, plus proche de son domicile au bout de quelques mois. Poste en spécialisé où elle exerce toujours.

**7. Sophie** a 38 ans, elle est mariée, mère de trois enfants. Elle habite à la campagne et apprécie le bricolage, la décoration de la maison. Sophie a suivi les cours de la fac en AES, avant d'intégrer la formation d'assistante sociale, métier qu'elle exerce depuis 1988. Elle a commencé son activité professionnelle en qualité de remplaçante, puis nommée sur un secteur en polyvalence en milieu rural pendant 4 ans. Elle s'est ensuite lancée dans un poste spécialisé dans le cadre du

RMI, avant de devenir adjointe du responsable sur une circonscription d'action sociale. Depuis environ un an, elle est assistante sociale dans un établissement pour handicapés, où elle travaille à mi-temps.

**8. Hélène** a 37 ans, elle est mariée, mère d'un enfant. Elle aime bien tout ce qui est manuel ou de l'ordre du petit bricolage. Elle apprécie les réunions familiales ou entre amis. En général dans la vie, elle se laisse assez facilement porter par les évènements. Elle dit être devenue assistante sociale un peu « par hasard », en 1990. Elle a occupé son premier poste en polyvalence de secteur en milieu rural un peu par hasard également et au bout de quelques mois, elle s'orientait vers une structure associative pour travailler dans le cadre du RMI. Après un passage par le service social de la Poste, elle travaille actuellement dans un établissement pour adultes handicapés. Elle exprime actuellement être un peu à un tournant de sa carrière professionnelle, cherchant plutôt à se « re-motiver ».

**9. Françoise** a 51 ans, mariée, mère de deux enfants. Elle apprécie la lecture, la marche à pied. Après avoir travaillé 20 ans en sécurité sociale, Françoise a fait le choix de s'engager dans la formation d'assistante sociale. Elle a obtenu son diplôme d'Etat en 1991. Elle a choisi d'exercer son métier dans un milieu qu'elle connaissait bien, celui de la santé et de la législation qui s'y rapporte. Françoise travaille en établissement hospitalier depuis 13 ans.

**10. Sygrid** a 29 ans, elle est célibataire sans enfants. Elle lit beaucoup, sportive elle pratique la natation. Elle est également présidente d'une association gestionnaire d'une galerie d'art contemporain. Elle apprécie les voyages et les différences culturelles. Sygrid a obtenu son diplôme d'assistante sociale en 1999. Elle a travaillé auparavant dans l'Education Nationale comme assistante sociale scolaire, et depuis 4 ans elle exerce ses fonctions dans un hôpital, sur le service de pédiatrie, avec un travail en dominante protection de l'enfance, travail autour de la maladie de l'enfant, du handicap. Elle est à mi-temps sur une unité d'alcoologie, service hospitalier aussi, pour lequel elle a du passer un DU d'alcoologie à l'université. Elle vient du monde de l'animation, où elle a travaillé plusieurs années pour l'U.F.C.V, comme formatrice. Actuellement, Sygrid craint de se retrouver « à bout de souffle » et songe à envisager un reclassement professionnel.

**11. Christine** est âgée de 59 ans, elle est divorcée, une fille. Elle aime les voyages, le jardinage, la lecture, les sorties au cinéma ou au théâtre, les bons restaurants. Christine a suivi des études d'infirmière avant de devenir assistante sociale en 1968. Elle a eu la possibilité d'exercer les deux métiers. En 1982 elle a renoué avec la polyvalence de secteur en milieu rural et occupe actuellement un poste d'assistante sociale responsable d'un CCAS. Elle est en fin de carrière et envisage d'être en retraite d'ici un an environ.

**12. Edith** est mariée, elle a deux jeunes enfants. Elle fait du théâtre, elle aime les relations avec bonne humeur, les échanges de gaieté. C'est quelqu'un de plutôt optimiste et elle aime bien rencontrer d'autres personnes avec qui elle peut partager des moments de rire et de joie. Elle dit avoir été qualifiée d'élève moyenne jusqu'au bac, elle a effectué une année de faculté pour réfléchir à son projet professionnel, puis passé les concours pour entrer à l'école d'assistantes sociales. Elle exerce ses fonctions auprès d'un Conseil général en polyvalence de secteur, depuis l'obtention de son diplôme d'assistante sociale en 1995.

**13. Stéphanie** a 36 ans, elle est célibataire sans enfants. Elle aime les vide - greniers, la restauration, le bricolage. Elle aime la campagne et les moments d'apéro avec les copains – copines. Elle aime quand ça bouge. Penser, créer, et aboutir dans tout ce qu'elle fait lui apporte beaucoup de plaisir. Elle a suivi une scolarité un peu « marginale » mais avec la conviction de ses parents, elle a réussi à aller jusqu'au bac. Elle dit n'avoir pris aucun plaisir dans la scolarité mais s'être « explosée » après le bac ! Elle a fait un IUT carrière sociale pour être animatrice dans un centre social. Elle a aimé écrire, penser. Elle voulait être éducatrice. Elle est devenue assistante sociale en 1992, et exerce depuis cette date auprès d'une structure associative dans le cadre d'un mandat judiciaire. Elle apprécie la grande liberté qui lui est donnée dans son poste.

**14. Manon** a 31 ans, elle est divorcée avec un enfant. Elle aime beaucoup tout ce qui est manuel. Elle aime bien la peinture, un petit peu de broderie aussi, les perles. Elle aime aussi bricoler, retaper des vieux meubles, tout ce qui est décoration. Elle aime bien tout ce qui est créatif. Elle apprécie également le jardinage, toujours le contact en fait, toujours le contact avec la matière. Elle aime lire. Au niveau sportif elle pratique la natation. Depuis qu'elle a obtenu son diplôme d'Etat d'assistante sociale en juin 1998, elle exerce son activité professionnelle en polyvalence de secteur. Elle a commencé sa carrière dans l'Orne et l'a poursuivie dans la Sarthe 18 mois plus tard après avoir passé le concours d'assistant socio éducatif de la fonction publique territoriale.


**15. Béatrice** a 37 ans, elle est assistante sociale depuis 15 ans, elle est mariée, mère de 3 enfants. Elle occupe ses temps libres auprès de ses enfants et dans le sport. Elle fait beaucoup de sport parce que ça lui fait du bien, ça lui permet de voir des gens qui sont complètement en dehors de sa vie professionnelle, et puis ça permet d'évacuer le stress accumulé dans sa vie professionnelle et personnelle. Elle fait du triathlon depuis 10 ans, et l'hiver c'est la saison des courses à pied. Pour Béatrice, le sport c'est du plaisir partagé. Après son diplôme d'Etat d'assistante sociale obtenu en 1989, elle a travaillé en polyvalence de secteur pendant 7 ans et depuis 8 ans elle est en poste dans le scolaire. Depuis deux ans elle est en même temps conseillère technique dans le département de l'Orne et aide à l'encadrement d'une équipe.

**Annexe IV**

**ANECDOTES**

**Les bons souvenirs professionnels des personnes interviewées :**

- **Marie :** J'en ai plusieurs et je pense que ce que j'ai vraiment beaucoup aimé dans mon travail c'est les moments où heu… tu sentais qu'il se passait quelque chose pour la personne que t'avais en face de toi, c'est à dire heu… quoique ce soit, d'ailleurs hein, mais heu…où tu sens que le travail que t'as mené avec la personne ça a aboutit à quelque chose. Nous on travaillait sur heu… ben des changements mais en même temps des changements d'intérieur, des reprises de confiance en soi, des choses comme ça et je repensais avec les étudiants y a pas tellement longtemps, un monsieur qu'était analphabète, illettré, enfin tout ce que tu veux, qu'avait tjrs vécu heu… dans son petit patelin et qui savait se déplacer qu'en mobylette, alors ça réduit le rayon, et qui allait tout seul en train d'Alençon jusqu'à Vannes et puis qui s'est perdu, qu'a loupé le changement au Mans et qu'à réussi à retrouver… à récupérer la correspondance, et puis qui s'était acheté des chips, et tout ça (rires) enfin bon tu vois, bon. Et ben ça pour moi ça c'était heu…puis il était revenu et ce gars là qui savait pas ni lire ni écrire, il m'avait raconté tout son périple, comment y s'était débrouillé, et y revenait après en entretien toujours avec un petit carnet et un crayon. Et pour quelqu'un qui savait pas lire… parce qu'en fait y savait lire et écrire, mais il y avait tellement longtemps qu'il avait pas lu et pas écrit et puis tout ça, et puis reprendre ça tu vois, se redire… alors que ce gars-là il était heu… en fait arrivé pratiquement à l'article de la mort, hospitalisé parce que… et à la fin de la post-cure, il était sur un projet heu… de reprendre sa vie en mains, tu vois ? ça pour moi, ça c'est un bon souvenir.


- **Catherine :** Je me souviens d'une dame que j'ai connue pendant… j'ai du la suivre pendant 7/8 ans. Cette dame c'était une grand-mère, elle accueillait ses enfants… ses petits enfants depuis très... apparemment depuis leur naissance. Elle avait une allocation mensuelle depuis des années. Jamais je n'ai... enfin jamais... pendant 3-4 ans, je n'ai jamais été à lui poser la question de savoir pourquoi elle avait ses petits enfants, qu'est-ce qui c'était passé. Enfin, bon, c'était un état de fait, c'était comme ça. On reproduisait et j'ai jamais posé la question. Et... je suis partie, j'ai fait un break pendant un an. Je suis revenue, et je pense que... parce que je savais hein ! Je savais ce qui s'était passé, bien sûr, mais j'avais pas envie qu'elle m'en parle, j'avais pas envie de l'entendre, et donc je lui ai demandé un beau jour, en revenant et je lui ai demandé de me parler, de me raconter ce qui s'était passé. Elle m'a dit ce qui c'était passé, qui était assez dramatique, par rapport au décès de ses enfants qui l'avait amené à avoir la garde de ses petits enfants et à partir de ce jour-là ça a complètement modifié la relation que je pouvais avoir avec cette dame et parce qu'après elle savait que je savais et c'était beaucoup plus simple.

- **Manon** : Mon meilleur souvenir qui a été aussi un souvenir très marquant et très difficile quand je l'ai vécu, mais alors avec du recul ça a vraiment été mon meilleur souvenir. C'était une dame qui était divorcée, qui avait refait sa vie avec un monsieur, et qui avait des enfants à charge. Au départ, elle m'a interpellée pour des démarches de droits de visite, de droits de garde pour ses enfants, des démarches toutes banales. Et il se trouve qu'entre deux le père des enfants, père d'une des filles, m'avait appelée aussi, pour me dire qu'il y avait un soucis avec sa fille, qui était enfermée dans sa chambre, qu'elle avait pas le droit de sortir, que sa mère l'empêchait de le voir, qu'elle lui passait des petits mots par la fenêtre etc. Sachant que je devais y aller, en plus au téléphone elle me paraissait être une dame tout à fait posée, réfléchie, avec du potentiel quoi, donc ça me surprenait. Et donc j'ai essayé de creuser la question, arrivée au domicile, par rapport à ce que le père m'avait dit. Je ne vais pas trop rentrer dans les détails, mais au final cette maman a fini par me dire avec beaucoup de souffrance qu'elle enfermait sa fille à clés, chez elle, quand elle sortait au travail, parce qu'en fait elle avait été victime d'attouchements de la part de son père et son grand-père paternel. Et donc la mère avait peur que le père vienne quand elle était absente quoi. Sa mère l'avait découvert parce que la gamine avait un journal intime et la mère m'avait montré le journal et j'ai lu les termes que la gamine avait écris. Et c'est vrai que ça m'est resté en mémoire. Cette mère n'était pas bien du tout de laisser sa fille, mais en même temps c'est le seul moyen qu'elle avait trouvé pour protéger sa fille. Et quand j'y suis allée, c'était une veille de vacances scolaires, et la fille devait partir en vacances chez son père, qui allait lui-même chez ses parents, donc le grand-père paternel qui avait aussi commis les attouchements. J'étais mal avec ça, j'étais mal. Au départ j'y allais pour une visite banale, il était tard, j'ai creusé, la visite elle a duré et la dame a fini par déballer quoi. C'était la veille des vacances, et j'étais pas bien ! Et je me disais sur la route pourvu qu'il y ait quelqu'un au service quand je vais arriver... s'il y a personne qu'est-ce que je fais de ça ? Donc moi j'avais dit à la dame « écoutez de toute façon je ne peux pas garder ça pour moi, ce que vous me dites là c'est grave et je lui avais conseillé de porter plainte, mais elle craignait les réactions du grand-père, qui pouvait être violent, elle le savait capable de débarquer à la maison avec un fusil. Je lui avais donc dis « je ne peux pas garder ça pour moi, mais je vous promets que quoique je fasse, je vous préviens. » Et en fait je suis arrivée, le responsable de circonscription était là. Je lui raconte ça et il me dit « tu signales au Proc. » Alors je lui dis ben oui, pas de problème, je ne m'y opposais pas mais moi je lui ai dit « j'ai fait une promesse à cette dame et je lui ai promis que quoique je fasse je lui dirais, donc il faut que tu me laisses la possibilité de lui dire que je signale. Je signale pas tant que j'aurais pas averti cette dame. » Et mon responsable qui s'est fortement opposé à moi en disant, « non, tu signales sans avertir la dame, je t'interdis d'avertir la dame. » Oui mais moi je me suis engagée auprès de cette dame, je lui ai fais une promesse, alors c'est vrai que pour moi il était inconcevable de déroger à ça. Il me disait « si, écoutes, c'est grave, c'est des attouchements sexuels, si tu préviens la dame, le risque c'est qu'elle fasse un impair au niveau du père ou du grand-père et que ça fausse toutes les données au niveau de l'enquête gendarmerie. Je t'interdis de prévenir la dame. » J'étais vraiment pas bien et puis je voulais pas hein ! Par contre mon responsable a rajouté « si tu veux, une fois que tu auras signalé, au retour de tes vacances, on ira voir ensemble cette dame, tu lui expliqueras, je viendrais avec toi, et je lui dirais à cette dame, que je t'ai interdis de la prévenir. » Dans ces conditions là j'ai dit OK. Parce que ça me dégageait de la dame et puis j'ai signalé au Proc. Bon c'est vrai que ça a été difficile, on y est resté jusqu'à 8h du soir avec mon responsable, un vendredi soir de vacances. Je suis partie et alors la plus belle des récompenses, c'est qu'à mon retour de congés on est allé voir cette dame avec mon responsable, et je suis arrivée, j'ai pas eu le temps d'ouvrir la bouche, elle m'a dit « merci, vous m'avez vraiment enlevé une épine du pied… » Il y a eu une enquête gendarmerie, le monsieur a été incarcéré, il est passé aux aveux, le grand-père aussi a été incarcéré, et elle s'autorisait enfin à vivre avec sa fille dans des conditions normales, et pas sous la menace, et ben cette dame elle m'a dit merci ! Et ben ça je crois que c'est mon plus beau souvenir. J'y allais avec une telle appréhension en me disant elle va me dire « vous avez pas respecté, vous aviez promis, vous auriez pas du… » et elle ça l'a dégagée ! Donc moi j'y allais pour m'excuser, c'était le comble, et elle m'a dit merci ! C'était dans mes tous débuts et t'as vraiment le cœur qui remue. Là je t'en parle je vibre quoi !

- **Francis :** des bons, des bons souvenirs, le… ben c'est le, le, tout ce dont j'ai parlé quand j'avais appelé heu… c'est cette 4$^{ème}$ année… j'avais appelé l'Attaché, que j'avais obtenu le truc et tout ça… et puis surtout je pense, tu vas me dire que vachement modeste, d'avoir été bien reconnu par l'équipe à l'époque, tu te dis bon… il se démerde pas si mal que ça…

- **Frédérique :** la première jeune que j'ai eue qui n'est plus dans le service, qui allait être majeure, à peu près 6 mois, un an avant qu'elle soit majeure et qu'on signe un contrat jeune majeur… et la première fois que je l'ai vue, bon c'est une histoire lourde, pendant à peu près une demi-heure, c'était mon premier contact, mon baptême ici, bon… c'était une grande, costaud, pendant je ne sais pas combien de temps c'était le mutisme et c'était deux grosses larmes, là. Elle explosait, elle avait ce langage de jeune des banlieues là et… et c'était beaucoup de violence qu'elle avait en elle parce que… elle était éduquée comme ça et… bon ensuite elle est allée sur Paris… donc on a eu des échanges, on a eu des échanges au téléphone, et un jour, parce que je sentais qu'elle avait un potentiel et puis qu'on arrivait rien à débloquer et ça commence seulement à se débloquer, un jour je me suis... elle m'a dit, mais pourquoi tu parles si fort, pourquoi tu t'énerves ? Elle que je calmais depuis le début en disant « mais parle doucement, parle calmement, parle correctement, calmes-toi, parles moins fort, je suis pas sourde, enfin... » Un jour au téléphone, elle m'a envoyé cette claque merveilleuse en me disant « t'énerves pas, qu'est-ce qui t'arrive ? » Enfin ça c'est génial !

- **Chantal :** Mon meilleur souvenir professionnel, comme ça c'est un peu difficile, c'est un peu difficile de m'en souvenir... j'ai en mémoire de ce monsieur qui avait une cinquantaine d'années. Il venait me voir et puis je me suis rendu compte au bout d'un petit moment qu'en fait il ne savait ni lire ni écrire. Enfin, on met un peu de temps à s'en rendre compte ben comme je dis souvent, ils utilisent des stratégies, ils ont des moyens... enfin ils sont très malins et on ne s'en rend pas compte tout de suite. Ils ont des manières de faire qui font que voilà, on s'en rend pas compte. Et donc je me suis rendu compte au bout d'un petit moment qu'en fait il ne savait ni lire ni écrire. Et donc je lui disais « vous seriez capable d'apprendre à lire et à écrire, faudrait que vous alliez à des cours... etc. » puis lui il me disait « oh mais pensez-vous, non non, j'en suis pas capable. » Et bon, on a travaillé comme ça pendant à peu près 5 ans. Oh oui, j'ai bien été 5 ans à dire « allez, alors vous y êtes pas encore allé ? » Et puis à un moment, même, je lui ai dit « ah mais s'il s'agit que de vous emmener...-oh ben non, non non... » et puis un jour il est venu en fait dans mon bureau avec son cahier d'écolier. En fait il s'était décidé à aller à des cours d'alphabétisation ou je ne sais plus comment ça s'appelle, enfin peu importe. Ben il est venu comme un petit gamin, me montrer son cahier d'écolier et ben j'ai trouvé ça super quoi. Parce que, oh oui il avait plus de 50 ans quand il a fait cette démarche là, oh ben oui, il était pas loin de la retraite en fait. Et donc ben voilà ça a été un super souvenir ça. Et puis j'utilisais l'humour, oui parce qu'à un moment je lui disais « alors il va falloir que je vous accompagne ? Moi ça ne me dérange pas. Vous savez c'est comme un enfant qu'on amène à l'école... et là c'est un petit peu la même chose quoi, l'enfant il est fier qu'on l'emmène à l'école. On le présente, on dit tiens… » et puis moi ça ne me dérangeait pas du tout d'aller avec lui, de l'emmener, même de le présenter quoi, en disant « voilà, Monsieur Intel, en fait il a très très peur de venir ici parce que c'est difficile à faire, mais voilà, il est là et puis ben moi je trouve ça super courageux quoi. »

- **Marianne :** Mon meilleur souvenir professionnel ? Ben y en a plusieurs… y en a deux ou ça fait un peu Zorro alors c'est quand même un peu embêtant… il y a deux situations qui m'ont particulièrement touché. Dernièrement il y a un monsieur qui était cadre dans une entreprise et qui n'arrivait plus à parler à son employeur, qui était en arrêt maladie, qui était complètement dépressif, à cause du stress, à cause de la pression, enfin qui était vraiment en grande difficulté, et du coup il arrivait même plus à faire valoir ses droits. J'ai servi d'interlocuteur, on a récupéré des droits quand même assez importants, et avec la nouvelle loi il a réussi à partir en retraite anticipée et ne pas être licencié pour inaptitude. Mais ce qu'il y a, c'est que je l'ai vu assez souvent, on a eu des entretiens réguliers, et il y a eu des entretiens où il m'a fait peur parce que franchement j'ai cru… ce monsieur-là pour moi allait se suicider. C'était vraiment quelqu'un qui était en capacité de se suicider parce qu'il n'y avait plus rien qui le retenait et c'était vraiment un peu difficile. Et puis là l'autre jour j'ai rencontré sa femme, dans le cadre d'une réunion, et on rigolait, mais elle m'a dit « y a longtemps que je voulais vous rencontrer, vous avez sauvé mon mari… oh peut-être pas à ce point-là, oh mais elle me dit, il allait vraiment très très mal et c'est vrai que les entretiens que vous avez pu avoir avec lui, vous avez à un moment servi d'interlocuteur, mais vous avez permis de reprendre contact avec son employeur lui-même, ce qu'il n'était pas capable de faire à un moment donné où il avait l'impression que tout était fini, ben ça l'a vachement aidé. » Donc évidemment ça fait un peu un souvenir « Zorro » mais ça m'a fait vachement plaisir parce que ce monsieur là je le voyais vraiment pendu au bout d'une corde… mais sinon un meilleur souvenir c'est difficile… c'est une main levée pour un placement, pour moi c'est un bon souvenir, quand les gens à un moment donné te disent « bon ça y est, je crois que j'ai plus besoin de vous. » Alors ça pour moi, c'est super. Je trouve que ça c'est un bon souvenir tu vois, quelqu'un qui après a acquis la capacité de faire ses démarches tout seul, de s'en sortir, ça c'est des bons souvenirs. Avec une collègue de l'espace santé on a animé un groupe de personnes qui souffrent de problèmes de dos et trois séances avec une animation particulière, c'était vachement intéressant et il y en a une, mais ça faisait un an que je la connaissais, n'arrivait pas à dire non, à son ex-mari, à son patron, à ses enfants, enfin c'était vraiment impossible. Et avec ces journées de formation qu'on a faites avec eux, on a fait des trucs vraiment intéressants, elle est sortie en nous disant en bilan de ce qu'on avait fait avec elle : « Ça y est je peux dire non maintenant, ce que j'arrivais pas à faire… » et ben ça ça fait plaisir tu vois… tu te dis au moins on a pas l'impression d'avoir bossé à côté de nos pompes, on a fait quelque chose et puis elle en a retiré quelque chose pour elle. C'est ça ! ça, ça te fait plaisir. Tu te dis on a fait pas mal notre boulot mais au moins qu'elle en ait retiré quelque chose pour elle qui va vraiment l'aider dans la vie de tous les jours, ça c'est des bons trucs quoi. Mais c'est difficile parce que des bons souvenirs ben je trouve qu'y en a plein quoi. Autant c'est un métier où on rencontre la tristesse tout le temps quoi, mais en même temps quelqu'un qui a un cancer qui t'apprend qu'il est en rémission, ben c'est un super souvenir. Et c'est tout ça. Ouais, y a plein de situations, je peux pas vraiment dire « j'ai un bon souvenir » c'est pas tous les jours parce qu'il y a des moments vraiment difficiles, mais je sais pas, une fois par semaine il y a un bon souvenir quoi. Je trouve que c'est déjà pas mal…

- **Sophie :** Mon meilleur souvenir c'est un monsieur que j'avais vachement boosté, qui avait 57 ans au début de la mise en place du R.M.I, que j'avais secoué en disant « mais si vous pouvez encore faire des choses et puis de toute façon il y a un contrat d'insertion… » qui au début en avait ras le bol de ce que je lui disais, « qu'est-ce qu'elle me dit cette petite jeune là, puis elle commence à m'emmerder », et puis quand j'ai quitté le secteur, il bossait à mi-temps, il était hyper content, épanoui, et il m'a remerciée quoi, en disant « vous avez bien fait. » Et ça tu dis que ça sert vraiment à quelque chose… oui ou alors l'insertion dans une déchetterie d'un gars qui ne savait ni lire ni écrire, qui était complètement dépendant, qui était sous tutelle mais où on s'est battu, y compris avec la mairie, l'association d'insertion au début et puis avec la COTOREP pour sa reconnaissance de travailleur handicapé, pour qu'ils le gardent ! C'est vrai qu'au début du fait qu'il ne sache pas lire et écrire et qu'il ne puisse pas facilement noter le numéro des voitures qui passaient c'était un obstacle, et puis en fait il y avait à jouer l'insertion sur le patelin et ça super bien fait quoi. Donc ça c'est du positif, c'est des bons souvenirs parce que t'as l'impression que ça a servi à quelque chose quoi.

- **Hélène :** Des bons souvenirs professionnels j'en ai des tas, je ne sais pas lequel raconter... il y a des choses qui m'ont fait vachement plaisir dans mon travail, parce qu'en fait le plaisir il arrive quand tu sens que les gens ont confiance en toi. C'est à dire qu'ils te reconnaissent comme quelqu'un qui n'est pas menaçant pour eux, qui n'est pas jugeant pour eux. Je crois que t'es content parce que tu te dis « ben, en tant qu'assistante sociale, j'ai réussi à faire passer ça, en fait. » Je me souviens d'une famille quand je travaillais en polyvalence de secteur, je sais plus ce que je faisais dans le quartier, je ne sais plus si j'avais prévenu ou pas la famille, et en fait je frappe à la porte, et je vois des gens qui regardent par l'œil, tout ça, et j'entends une femme qui dit à une autre femme derrière la porte : « Vite, vite, ranges, ranges » avant de m'avoir entendu parler, elle ouvre la porte et elle dit : « Non, non, c'est bon, c'est l'assistante sociale ! » J'ai trouvé ça vachement bien, ça m'a fait vachement plaisir tu vois ! J'avais réussi à faire passer le fait que j'allais pas les juger, c'est super ça comme souvenir. Sinon c'est des souvenirs qui sont d'un autre ordre, de gens avec qui on ne se comprenait pas mais c'était tellement... il y avait un monsieur je me souviens, c'était le gros dur tu sais, bref. Donc moi ma mission c'était d'aller... parce qu'il tapait sur tout le monde, y compris sur ses gamins, bref, ma mission c'était de lui expliquer qu'il fallait qu'il arrête de boire. C'est pareil, c'est bien ce type de relation avec les gens, parce qu'en fait t'essayes d'établir quelque chose de fort avec les gens si tu veux qu'ils soient sincères avec toi, enfin, t'exiges pas la sincérité, t'acceptes qu'ils te mentent, mais si tu veux c'est quelque chose qui passe et il faut que t'ailles au fond des choses en fait dans la relation. Et là, lui pareil. Une fois il vient me voir et il me dit : « la sociale, il m'appelait toujours 'la sociale', ça va pas du tout, on m'a piqué ma chienne, faut faire quelque chose, faut la retrouver, si je les trouve je les tue, ma chienne, je veux ma chienne. » Sa chienne, sa chienne, et en fait je lui dis : « ben c'est pas grave, on va appeler je sais pas, la SPA pour savoir s'ils ont trouvé une chienne, je sais pas... » il me regarde et il me dit : « Ma chienne hi-fi ? imbécile ! » Et c'est des moments comme ça ben où tu peux pas t'empêcher de rire quoi, où tu te dis « mais t'as rien compris ma pauvre fille ! » Bon je te passe les détails, je sais que ça avait duré longtemps... il parlait de chienne, j'entendais chienne, et au bout d'un moment la délivrance, on ne parlait pas de la même chose ! Oui, c'est des bons souvenirs de relations comme ça où y a des choses qui passent quoi.

- **Françoise :** J'en ai plusieurs. Quand même. J'en ai plusieurs, mais j'en ai un tout récent, tiens. Un petit jeune de 18 ans qui a eu un accident, qui est resté longtemps dans le coma, qui là récupère, pour lequel on met des choses en place, et ça, ça passe bien. On a fait des choses sur un plan médial, il récupère bien. Mon meilleur souvenir tourne autour de ces jeunes que j'ai pu rencontrer et qui évoluent bien. On a vu le médical sortir ces jeunes de choses graves, et puis le social les a accompagnés, on a fait des choses vraiment en équipe, et ça c'est des bons souvenirs. J'ai pas UN meilleur souvenir, j'ai de bons souvenirs sur le travail qu'on peut faire en équipe, sur des situations qui sont difficiles.

- **Sygrid :** Je sais pas si c'est le meilleur, mais j'en ai eu un y a pas longtemps. C'est une gamine victime d'attouchements sexuels par son père, qui a été hospitalisée deux mois ici. Il y a eu un placement en famille d'accueil dans la région, et c'est une gamine qui dénotait énormément d'avec ses parents qui étaient d'un milieu très très frustre, d'une grande violence verbale, agressivité etc., c'était vraiment très glauque, voilà. Et la gamine, quand on la voyait et quand on voyait ses parents, décalage incroyable quoi, et cette gamine s'est retrouvée en famille d'accueil, je l'ai vue deux mois plus tard dans sa famille d'accueil et c'est une gamine que j'ai vue changée physiquement, incroyable. C'est à dire s'épanouir, sourire, après deux mois dans la famille d'accueil, une gamine qui s'ouvrait complètement, joyeuse, qui blaguait, qui souriait etc.

Et je me suis dit, pour une fois c'est un placement qui fonctionne, ça fait deux mois et c'est un placement qui a l'air de fonctionner, qui marche bien, et je vois une gamine qui a 14 ans qui fait une grande rencontre parce qu'apparemment une famille très chaleureuse, des jeunes de son âge dans la famille, ah vraiment j'étais vachement contente, c'était la première fois que je voyais un placement qui avait vraiment l'air de fonctionner, une gamine qui s'éclosait comme une fleur... un sourire ! Un regard qui s'allumait... je ne sais pas si c'est mon meilleur souvenir mais j'étais vachement contente.

- **Christine :** J'en ai plusieurs et c'est difficile d'en trouver un plus particulièrement. Il n'y en a pas un qui ressort plus qu'un autre.
- **Edith :** j'ai le souvenir d'un jeune couple, de deux jeunes qui se sont retrouvés à la porte de chez eux, parce que conflit avec les parents, chacun de leur côté, qui ne supportaient pas que ces deux jeunes qui avaient 18-19 ans, soient en couple, qui plus est la jeune femme était d'origine maghrébine, ce que ne supportaient pas les parents du jeune homme, en fait les deux se sont retrouvés à la rue. Donc c'est vrai qu'on a eu un long travail qui a permis au final qu'on trouve un foyer d'urgence où ils puissent accéder ensemble et réfléchir sur leur situation. Tous les deux venaient d'avoir leur bac. Ils sortaient des études et ils avaient tous les deux des réelles capacités au niveau professionnel. Elle voulant être infirmière et lui dans l'informatique. Le problème c'est que rapidement le constat c'était de dire qu'il y avait une incapacité à faire tous les deux leurs études. Et au final, si on avance un peu, donc on leur a trouvé un foyer d'urgence, un logement avec une ALT, et ensuite ils se sont mis en foyer, dans un logement en tant que locataires, c'est long, cette étape là c'était un petit peu long, on a beaucoup réfléchi aussi sur leur devenir. Ils ont fait le choix que le jeune homme commence à bosser, c'était pas du tout son choix à l'origine hein, il a bossé en tant que manœuvre etc., bon, elle a fait ses études, et je les ai revus il n'y a pas très longtemps, je les ai croisés par hasard, elle est devenue infirmière et il a repris ses études. Ça je trouve que c'est pas mal parce qu'effectivement, ils étaient quand même très très mal du fait de cette rupture. Elle, elle a gardé des contacts avec

ses grands-parents, avec son père, qui est retourné dans son pays d'origine donc qu'elle voit peu. Avec sa mère c'est resté conflictuel, par contre elle a réussi à maintenir des liens avec sa petite sœur. Et le jeune homme par contre, n'a pas réussi à maintenir des liens avec sa famille, mais quand je les ai revus 3 ou 4 ans plus tard, il n'avait plus cette haine qu'il avait à l'époque à l'égard de ses parents. Et c'est vrai qu'au moment où je l'avais vu à 18 ans, il avait une haine à l'égard de ses parents, vraiment il leur en voulait. Il ne comprenait pas pourquoi ils rejetaient son amie etc. et là avec le recul il n'avait plus ce sentiment là. Je crois qu'il devait commencer à se poser la question « c'est quoi être père ? » Du coup, il avait modifié son regard. Et ça je sais que c'est pas mal car c'était un boulot qui était long, d'ailleurs je lui avais dit. Ok, c'est votre position actuelle, que vous modifierez vous-même le jour où vous serez papa. Peut-être que ce jour-là vous ferez à nouveau appel à vos parents ? Et sur le coup il ne me croyait pas, mais avec le recul il me disait ben oui, c'est vrai que j'ai plus tout à fait la même rancœur que j'avais sur mes parents, et que je peux entendre maintenant, que j'entendais pas à l'époque. Surtout qu'ils ont réussi concrètement d'abord à maintenir leur couple, parce qu'ils avaient des angoisses à ce niveau là, et qu'elle, elle travaillait dans le domaine qu'elle voulait et que lui reprenait des études, alors là j'ai trouvé ça pas mal, parce qu'on a avancé quand même ! Alors que quand ils sont venus la première fois c'était vraiment la grosse grosse galère. Je m'étais dit on va jamais y arriver avec ces jeunes là, connaissant en plus les aides possibles pour les jeunes de moins de 25 ans. Donc là j'ai trouvé que c'était une belle réussite, je ne sais pas si c'est la plus belle, on en a eu pas mal déjà. C'est ce que je disais aussi tout à l'heure, cette maman avec la dernière de ses enfants, elle avait eu trois enfants, et avec cette dernière petite fille quand on la voyait jouer, on se disait avec la collègue puéricultrice « bon, on a avancé avec cette dame là. Entre la première naissance qu'il y avait eu où vraiment on avait fait des signalements, on était très inquiet, et cette troisième naissance où elle arrivait à jouer, ce qu'elle n'avait jamais appris en tant que maman, ben je me suis dit « il y a des choses qui sont passées quand même hein. » C'est vrai qu'on avait bossé là-dedans hein, on y était allé très régulièrement, il y avait eu plusieurs intervenants etc. La dame ne nous a jamais dit « merci pour ci, merci pour ça » mais c'est pas ça qu'on souhaitait. Ce qu'on souhaitait c'est voir ce que ça donnait quoi et ça a quand même donné des choses, même si à la base on partait avec pas grand chose hein, parce que la maman a eu une histoire quand même très très chaotique et très très difficile. Ça fait partie ça des petites histoires que je garde.

- **Stéphanie :** Il y en a un que j'ai vécu en stage que je trouve génial. J'étais en stage MSA. J'allais voir une dame, j'avais une mini comme voiture. Elle était sur le pas de sa porte, elle me voit arriver en voiture : « ah te v'là la sociale ! – oui, bonjour madame. » Elle me tape sur l'épaule et elle me dit « ah ben tu vois je monterais pas dans ta charte parce qu'elle est trop petite. C'est une voiture de stagiaire, moi je veux monter dans la voiture de l'assistante sociale. » je la trouve géniale d'abord parce que ça montre le côté nature de la dame, elle mettait tout le monde au même niveau, il y aurait eu le médecin elle l'aurait tutoyé. Personne n'avait de valeur professionnelle je crois pour elle. Je trouve que là elle m'avait renvoyé un peu une perception du statut de stagiaire. Et puis qu'elle pouvait dire non à un travailleur social. Un autre souvenir dans mon boulot. Une enquête dans le Perche. Il y avait 5 enfants, c'était une famille turque, 5 gamins que je faisais défiler un par un et sûrement de façon un peu autoritaire. Et puis j'écrivais au fur et à mesure. Je me suis retrouvée avec 6 enfants sur ma feuille ! C'est pas possible ! Ils ont joué en fait de la situation et de ma bêtise, il y en avait un qui est passé deux fois ! Je l'ai pas reconnu ! Je me suis dit que c'était génial ! les parents ne disaient rien, ils avaient vu le truc se faire…

- **Béatrice :** Je ne sais pas parce que j'en ai plusieurs… l'année dernière par exemple, parce que ça je trouve que c'est un bon souvenir, parce que toute l'année j'ai encadré un groupe d'élèves, bon je ne sais pas si c'est le fait d'être assistante sociale, mais beaucoup d'élèves que j'attirais étaient en difficultés. Parce que je pars du principe d'essayer de valoriser au maximum les élèves pour qu'il y ait au moins un endroit dans le collège où ils soient valorisés et que ça se passe bien. Donc l'année dernière on a travaillé sur le petit déj'. Donc on a vu l'importance du petit déjeuner, réalisé une enquête pour connaître les habitudes des collégiens, donc j'avais un groupe de 22, des fidèles, je les ai eus toute l'année. On a traité l'enquête et tout ça, préparé une expo, et organisé un petit déjeuner au collège grandeur nature, donc j'avais récupéré des toques de cuistot, ils ont servi les autres élèves etc. et à la fin de l'année je leur ai fait un bon gâteau qu'on partage ensemble et puis pour les remercier parce que j'ai trouvé qu'ils avaient bien travaillé. Et ça c'est un bon souvenir professionnel parce que je trouve que là au moins il y a des élèves qui se sont sentis bien, et qui ont été valorisés pour une fois quoi. Parce que souvent c'était des élèves qui étaient défavorisés dans leur famille, qui n'étaient jamais mis en avant et tout, et là je me suis dit au moins j'ai réussi à faire ça. Pour moi c'est un bon souvenir professionnel. Et puis là à la rentrée il y en a un qui est arrivé ici, et le premier truc qu'il a fait c'est de venir me voir en disant « bon vous faites quelque chose, moi je m'inscris ! » Je me dis qu'au moins si j'ai réussi à faire qu'à un moment de la journée, au collège, ils se sont sentis bien, et valorisés, c'est déjà pas mal. Et ça pour moi c'est important. Mais je trouve que par des choses toutes simples comme ça, et c'est vrai que maintenant je ne suis plus sur un thème forcément au niveau de la prévention, mais surtout arriver à les valoriser. Peu importe le thème sur lequel on travaille, l'important c'est d'arriver à ce qu'ils aient de l'estime de soi. Ça c'est important à travailler avec les élèves.

**L'HARMATTAN, ITALIA**
Via Degli Artisti 15 ; 10124 Torino

**L'HARMATTAN HONGRIE**
Könyvesbolt ; Kossuth L. u. 14-16
1053 Budapest

**L'HARMATTAN BURKINA FASO**
Rue 15.167 Route du Pô Patte d'oie
12 BP 226
Ouagadougou 12
(00226) 50 37 54 36

**ESPACE L'HARMATTAN KINSHASA**
Faculté des Sciences Sociales,
Politiques et Administratives
BP243, KIN XI ; Université de Kinshasa

**L'HARMATTAN GUINÉE**
Almamya Rue KA 028
En face du restaurant le cèdre
OKB agency BP 3470 Conakry
(00224) 60 20 85 08
harmattanguinee@yahoo.fr

**L'HARMATTAN CÔTE D'IVOIRE**
M. Etien N'dah Ahmon
Résidence Karl / cité des arts
Abidjan-Cocody 03 BP 1588 Abidjan 03
(00225) 05 77 87 31

**L'HARMATTAN MAURITANIE**
Espace El Kettab du livre francophone
N° 472 avenue Palais des Congrès
BP 316 Nouakchott
(00222) 63 25 980

**L'HARMATTAN CAMEROUN**
BP 11486
(00237) 458 67 00
(00237) 976 61 66
harmattancam@yahoo.fr

631516 - Novembre 2015
Achevé d'imprimer par